ALSO SPRACH DAS KAMEL

Um die Privatsphäre des Kamels zu schützen,
gebe ich seinen Namen nicht bekannt.
Es wird im Text nur „Das Kamel" genannt.
Jede Ähnlichkeit mit derzeit lebenden Kamelen
Ist unbeabsichtigt-
und unwahrscheinlich.

LINA WELLISCH

ALSO SPRACH DAS KAMEL

Neufassung 2017 LINA WELLISCH
Herstellung und Verlag:
BoD Books on Demand, Norderstedt
Originalausgabe 2007 LINA WELLISCH
Herstellung und Verlag:
BoD - Books on Demand, Norderstedt
ISBN 978-3-7448-8790-8

VOR (gar nicht so) LANGER ZEIT

1

„Warum weinst du?"
fragte das Kamel.

„Es war einmal in Wien, vor langer Zeit,
-ich kann mich noch erinnern…",
sagte sie,
„an einen heißen Sommer,
da wehte auf dem Meer der Leidenschaft,
ein starker Wind…
da wuchs etwas, wie Liebe,
in des Sommers Feldern…"

Und sie hatte versucht, den Regen einzufangen,
aber ihr Herz wollte mehr-
Sie hätte den Verstand gegeben,
für ein bisschen Frieden,
doch die Gedanken ließen sie nicht los-
Sie hatte etwas wie Liebe gefunden
und war doch allein-

Warum nur,
konnten ihre Gedanken nachts nicht schlafen-
Warum nur,
waren sie dunkel, wie tiefe Gewässer-
Wieder einmal, hatte sie Angst zu ertrinken.

2

„Ich kann mich noch erinnern",
sagte sie,
„an das Gewitter,
daran, wie ich nicht wusste,
was es gewesen war,
das mich geweckt-
der Blitz,
oder das eigene unruhige Herz-
Ich kann mich noch erinnern…
an ein grünes Gefühl,
das zersprang,
im Donnerschlag, des Gewitters,
gleich einer Knospe…"

Nach dem Gewitter, hatte sie in der feuchten Erde nach Worten gegraben
und doch nur Steine gefunden.

Sicher trug sie sein Herzschlag, durch so manche Nacht.

3

„Du weinst noch immer",
sagte das Kamel.
„Was war in Wien, vor langer Zeit, womit du
dich jetzt quälst?
Erzähl mir doch davon…"

Und sie erzählte dem Kamel von einer Nacht,
vor langer Zeit,
da hatte in der Dunkelheit,
ihr Körper geträumt von dem Seinen.
Eine leichte Berührung, hatte sich ausgebreitet,
wie ein Feuer-
Der Sprung,
der damals schon durch ihre Seele ging,
hatte begonnen, sich zu schließen-
Ihre Gefühle,
waren in das Schwarze seiner Augen gefallen
und hatten sich dort versteckt-
Ein winzig kleiner Baum,
begann in jener Nacht
in ihr zu wachsen…

aber

In einer anderen Nacht,

da träumte in der Dunkelheit,
ihr Körper wieder von dem Seinen

und eine leichte Berührung,
breitete sich aus,
wie ein Feuer-

Doch in jener Nacht,
wurde der Sprung,
der durch ihre Seele ging,
größer-

Ihre Gefühle,
fielen in das Schwarze seiner Augen
und ertranken dort-

Seit jener Nacht,
begann der winzig kleine Baum
wieder in ihr zu welken.

„Ja, das ist traurig",
sagte das Kamel,
„was kann ich tun, um dich zu trösten?"

„Du kannst mich durch die Wüste tragen",
sagte sie,
„du kannst mich schaukeln, bis ich schlafe...

und das ist schon genug..."

4

„Warum bist du so traurig?"
fragte das Kamel.
„Was ist geschehen, in Wien, vor langer Zeit,
was dich noch heute so bedrückt…?"

„Ja",
sagte sie,
„du hast schon recht…
Ja, es bedrückt mich noch…"

Zwischen Liebe und Zweifeln zerrieben,
zerfielen irgendwann
die Gedanken zu Sand…
zwischen gestern und morgen verirrte Gefühle,
sich brachen, an dunkler Wand…
Zwischen Hoffnung und Trauer,
wartete ja vielleicht
irgendwo doch,
ein freies, nie gekanntes Land…

Zwischen Liebe und Zweifeln zerrieben,
zerfielen Gedanken zu Sand;

zwischen gestern und morgen verirrte Gefühle,
zerbrachen, an dunkler Wand;
zwischen Hoffnung und Trauer,
versank zuletzt,
das freie, nie gekannte Land…"

„Oh, das ist wirklich traurig", sagte das Kamel.
„Was kann ich für dich tun?"

„Schenk mir die kleine Sandrose,
du weißt schon, die von gestern…",
sagte sie,
„und das ist schon genug…"

5

„Lies mir was vor…",
so bat sie das Kamel.
„Ich weiß, du schreibst Gedichte…"

„Sie sind so traurig",
sagte sie.

„Ja, aber sie sind schön…
Du musst Gefühle nicht danach bewerten, ob sie
traurig sind…
Mir ist nur wichtig, dass sie mich berühren.
Und manchmal sind die Traurigsten die Schöns-
ten…"

…und so begann sie zögernd, ein Gedicht zu le-
sen…

ICH HABE MICH VERIRRT

Ich habe mich verirrt,
im Labyrinth, der Tätigkeiten
und ich finde nicht zurück-

Die Menschen,
die ich liebe,
bringen mir kein Glück-

Alles, was mir nahe kommt,
entfernt mich nur,
von mir-
alles, was ich suche,
war, wenn der Mond schien,
immer schon in mir-

Ich glaube nur an Bäume,
die atmen noch
für mich-

Ich glaube nur an Zwischenräume-
In ihnen
lebe ich.

„Ah, das gefällt mir", sagte das Kamel.
„Lies doch noch eins!"

„Nun gut, Kamel, doch du musst wissen, du bist
das erste Wesen, das diese Zeilen hört…"

„Das ehrt mich!" sagte das Kamel und hörte ihr
so innig zu, wie es kein Mensch vermag und sie
las leise, tonlos fast:

LEISE RIESELT DIE ZEIT

Ich bin wie schon gestorben,
leise rieselt die Zeit;
die Hässlichkeit der Stadt,
die mich umgibt,
zermürbt mich langsam-

Die Menschen, in der Menge,
höflich bemüht,
Unübersehbares zu übersehen,
sich in erzwungener Nähe,
Distanz zu schaffen-

Für ihre Massenexistenz,
ein Hauch Persönlichkeit;
doch nicht zu viel,
sonst fällt man
aus dem Rahmen-

Das Leben höhlt die Menschen aus,
doch stehen die Fassaden;
sie sind, was zählt in dieser Stadt-
Leise rieselt die Zeit…
Langsam zerfällt mein Anderssein
Zu Staub.

„Ja", sagte das Kamel „irgendwann zerfällt alles
zu Staub; fragt sich nur wann…"

6

„Und was ist dann geschehen?"
fragte das Kamel.
„Du musst es mir nicht sagen-
Nur wenn du willst, verstehst du,
wenn du nicht sprechen willst,
bewahre dein Geheimnis…
erzähle nur so viel du willst,
ich hör dir gerne zu…

„Es kam ein Tag",
so sagte sie,
„da legte sich zum ersten Mal ein Hauch von
Abschied über die Stirn,
eine Ahnung vom Ende schwebte in der Luft,
wurde dichter
und es vergrößerte sich die Kluft
zwischen ihm und mir,
zwischen gestern und morgen;
und noch wusste niemand,
hieß das Ende Trennung,
oder hieß es Tod-

Eine Ahnung vom Abschied
geisterte durch den Raum,
verfolgte uns beide bis in den Traum,
in dem wir uns nicht mehr erkannten;
und das Ende kam leise,
schlich um das Haus, wie ein Dieb...
und wir sahen uns an
und wussten,
wir hatten uns immer noch lieb;
und er suchte den Faden,
der alles entwirrt
und wir wussten beide,
wir hatten uns verirrt,
auf der Flucht von gestern nach morgen...

Und er träumte von Heirat,
irgendwo- irgendwann-
und ich träumte von Flucht;

Und wir stürzten uns ineinander...
ließen uns steigen und fliegen und fallen...
bis an die Grenze der Lust,
bis an das Ende des Traums,
bis an den Ort des Vergessens...

Und wir stürzten uns ineinander
und ließen uns treiben,
als wäre der andere ein Ufer
und ließen uns fliegen und fallen so tief,
als wäre der andere ein Tunnel,
in eine andere Welt."

7

„Wenn es noch eine Stunde gibt, die uns gehört,
will ich sie nicht versäumen",
hatte sie zu ihm gesagt, vor langer Zeit,
„und wenn uns noch ein Traum gehört,
will ich ihn bis ans Ende träumen.

Und wenn ich mich verlieren sollte,
in dir",
hatte sie ihn gefragt,
damals,
„würdest du mich dann finden?

Was auch geschieht-
ich werde ewig leben",
hatte sie zu ihm gesagt,
„im Flügelschlag des Schmetterlings-
und ewig tot sein,
in den Steinen,
auf dem Grund
des grünen Flusses.

Wenn es da eine Stunde gibt,
die mir gehört,
darf ich sie nicht versäumen
und wenn ein Traum nur mir gehört,
dann muss ich ihn alleine träumen."

8

„Lies weiter",
sagte das Kamel, was hast du ihm geschrieben,
zum Abschied-?
Lies es mir vor!"

„Wenn ich für dich gestorben bin,
so schrieb ich ihm,
dann zünde eine Kerze für uns an,
damit wir Frieden finden-
übers Jahr ist alles vorbei-
nur manchmal wird leise noch,
mein Gedanke deine Stirne streifen,
wie ein Kuss,
und dein Körper wird lange noch träumen,
von dem meinen…

wenn du für mich gestorben bist,
so schrieb ich ihm,
dann zünd´ ich eine Kerze an,
in meinem Herzen,
übers Jahr ist alles vorbei-

nur manchmal wird leise noch
die Erinnerung an dich
mir wehtun
und mein Körper wird lange noch träumen,
von dem deinen."

„Es ist nicht schlimm zu weinen",
sagte das Kamel,
„ wenn etwas dich so tief berührt, dass du des-
wegen weinst,
ist das doch schön…
schlimm ist, wenn du nichts mehr fühlen kannst
…

es ist nicht schlimm zu sterben-
schlimm ist, wenn du zum Schein zwar weiter
lebst,
aber die Kraft der Liebe nicht mehr in dir fühlst…

auch zu vergessen ist nicht schlimm",
so sagte das Kamel,
„schlimm ist, wenn die Erinnerung nicht aufhört,
dich zu quälen…"

9

„Nun ja", sagte das Kamel, „wenn so ein sterblicher Mensch von der Unsterblichkeit seiner Gefühle überzeugt ist, das ist schon ein Größenwahn…

Wie wir alle wissen, sterben die klassischen Liebenden immer früh, so bleibt ihnen die Enttäuschung erspart, ihre Liebe zu überleben…

Es gibt eine Zeit,
um Dinge zu besitzen
und dann kommt eine,
wo man sich von ihnen trennen muss…

Es gibt eine Zeit,
die Nähe eines Menschen zu genießen,
und dann kommt eine,
wo du ihn zurücklassen musst,

ja es kommt eine Zeit,

da musst du zu dir selbst,
zu dem was deines ist im Leben
zurückkehren;

Liebe macht zahm,
aber irgendwann
musst du zu deiner wilden, ursprünglichen Kraft
zurückfinden."

10

Du lebst auf dieser Erde
Und die Erde lebt in dir-
Der Baum,
der kraftvoll wächst,
die Blume, die nur einmal blüht
und auch der Nebel-
das alles ist in dir;

Das Pferd,
das im Galopp davon springt;
die Schnecke, die sich langsam nur bewegt;
das Tier, das jagt-
und auch das andre Tier,
das um sein Leben rennt-
Sie alle sind in dir;

Die Wüste,
die zum ersten Mal dein Fuß betritt,
betrittst du auch in dir-
Du siehst, wie blau das Meer ist
und etwas Blaues weitet sich in dir…

Du siehst den kleinen Vogel hüpfen,
auf dem Tisch
und etwas Kleines, Liebes, regt sich auch in dir.

Drum ist es gut zu reisen,
um neue Räume zu betreten,
nicht nur da draußen,
sondern auch in dir",
so sagte das Kamel,
„drum ist es gut,
sich den Gefühlen auszuliefern,
weil dann die Welt,
noch einmal,
sich ganz neu erschafft in dir;

drum ist es gut,
das Fremde zu erleben,
weil in dir selbst
dann weniger dir fremd ist;

drum ist es gut,
Gewalt zu überwinden,
weil das Gewaltsame in dir
dich dann nicht mehr
so hoffnungslos erschreckt.

Ihr Menschen müsst erst lernen Frieden zu ertragen, ihr, die ihr für den Lebenskampf gezeugt und erzogen seid, könntet die stille Würde eines Sternenhimmels in der Wüste vielleicht in euch erleben, wenn ihr es wagt, die Räume der Unendlichkeit in euch, nur einmal zu betreten, ohne Angst…

Und selbst die Zeit, die uns berührt,
ist nur der Sand, der leise in uns wandert."

AM TOR ZUR WÜSTE

1

Am Tor zur Sahara
stand das Mädchen und weinte;
weinte,
weil sie nicht hinausdurfte, des Nachts,
in die Sahara,
weil die Wüstennacht nur den Männern gehörte
und den Kamelen.

Sie ging zwischen den Blumen spazieren,
die größer waren, als sie selbst
und ließ ihre Gedanken fliegen.
Sie blickte zu den Sternen hoch und dachte,
was wohl näher sei,
die Sterne oder die Blumen;
was leichter wohl zu pflücken wäre…
die Sterne, die so niedrig hingen,
oder die Blumen,
die hier, in diesem Garten,
in den Himmel wuchsen,
wie sonst nur die Bäume.

Wo war sie wohl,
die Grenze,
wo Blütenblatt und Sternenzacke sich berühren
konnten-
An diesem Schnittpunkt mussten doch die Welten sich begegnen,
die selten sonst zusammenfanden,
an diesem Punkt der Kraft war alles möglich.

Da konnte sich vielleicht der Himmel öffnen,
berührt von der Magie der Sterne;
da konnten Welten öffnen sich und schließen-
Da konnten Wesen aus dem Nichts erscheinen
und verschwinden,
berührt von der Magie der Steine.

Ob wohl hinter den ewigen Steinen,
wirklich der ewige Sand beginnt?
Ob wohl hinter dem Sand
wirklich der kleine Prinz auftaucht?
Ob die Wüste wohl immer noch
ein Geheimnis birgt,
wie zu seiner Zeit?

Folge den Spuren,
je länger du sie verfolgst,
desto tiefer verirrst du dich…
betrittst die Räume,
die kein Mensch betreten hat, in dir,
nicht einmal du selbst.

Fang den Stern,
wenn er vom Himmel fällt,
erfülle dir den Wunsch,
von dem du nie zu träumen wagtest.

Das Glück besteht aus Sand;
die Düne ist in dir und wandert;
dein Glück ist wie der Sand,
du kannst ihm nicht entkommen.

Die Liebe ist,
was Wasser ist in dir,
du brauchst sie nicht zu suchen,
trinke sie einfach,
bade dich in ihr.

Am Tor zur Sahara, stand das Mädchen
und weinte nicht mehr.

Sie ging zwischen den Gedanken spazieren,
die größer waren, als sie selbst
und ließ ihre Träume fliegen
und fliegen
und fliegen...
bis sie alle fort waren.

2

Ein Stern fiel nieder, nachts, am Rand der Wüs-
te,
verfehlte knapp ihr Herz...
Sie war allein...
Dort,
wo der Sand den schwarzen Mond berührt,
dort ist der Ort der Kraft-

Wenn dir ein Stern ins Herz fällt,
hier am Tor zur Wüste,
hat er die Kraft,
unglückliche und unerfüllte Liebe
auszulöschen-

Wenn dir ein Stern ins Auge fällt,
hier am Tor zur Sahara,
hat er die Macht,
dich blind zu machen
für das Böse-

Wenn dir ein Stern fällt in den Schoss,
hier am Tor zur Wüste,

bringt er den Sand in dir
zum Wandern…

Geh weiter!
Geh weiter in die Wüste hinein,
folge der Spur der Schlange…

Der kleine Prinz ist wieder da,
der Wüstenfuchs hat gesprochen
und die Schlange zeigt dir den Weg
zu den Sternen,
sie hat Gift für uns alle…

Vertrau ihr-
Brave Kinder fliegen zu den Sternen-
Brave Mädchen schlagen Wurzeln-
Brave Kamele dürfen mehrmals jährlich trinken-
Brave Touristen bleiben nachts in ihrem Hotel-
Man weiß ja nicht,
was einem da draußen im Sand
alles begegnen kann…

Sprich nicht mit Fremden!

Geh nicht mit fremden Männern!
Sprich nicht mit Schlangen!

Irgendwann wurde ihr übel
und plötzlich konnte sie fliegen-

Vielleicht heilt die Farbe des Sandes die kranken
Träume-
Vielleicht weckt der Sonnenaufgang irgendeinen
Wunsch-

Kamele schaukeln durch den Sand,
Kamele schaukeln sich durch Träume;
bis zu den Dünen,
bis hinter die flimmernde Sonne…
Manche Träume heilt schon eine Berührung,
andere erst der Tod.

3

Irgendwo, in dieser flimmernden Hitze,
muss doch die Stelle sein,
wo sich der Himmel öffnet,
die Stelle,
wo der Schleier dieser Wirklichkeit zerreißt.

Und wenn die Füße müde sind,
vom langen Gehen durch die Wüste,
schieben dich die Gedanken noch ein Stück;
doch in der Wüste
stehen die Gedanken bald schon still.

Und wenn der letzte Traum dann abgeflogen ist,
rettet dich ganz am Ende nur das eine Wort;
das eine Wort, das dir gehörte,
schon vor Beginn der Zeit;
durch das du dich erschaffen
und durch das du lebst;

das eine Wort von allen,
das dir ein Engel in das Ohr geflüstert,

einst,
als die Magie der Elemente dich geformt
und das du dann vergessen hast,
bei der Geburt…

Wenn du das Wort
finden oder erfinden könntest,
das benennt, was dich quält,
wärest du schon erlöst-
Wenn ich das Wort finden oder erfinden könnte,
das benennt, was mir fehlt,
wüsste ich schon, was tun.

Quelle der Sprache,
schließe dich!
Quelle der Träume,
öffne mich!

Manche Quellen öffnet schon eine Berührung,
andere erst der Tod.

4

Und sie erzählte dem Kamel von jener Karte,
die kurz vor ihrer Abreise, von ihrem Onkel kam-

Der Onkel hatte ihr geschrieben,
er hätte das Grab ihrer Mutter neu eingefasst,
er nehme an, das sei auch in ihrem Sinne...

Sie hätte dem Onkel antworten können,
dass sie zur Kenntnis nehme, dass er es gut mei-
ne.

Sie hätte dem Onkel antworten können,
dass sie das Grab am Zentralfriedhof nicht son-
derlich interessiere, aber das hätte er wohl
falsch aufgefasst;

„Weißt du, das Grab meiner Mutter ist irgendwo
tief in mir", sagte sie, „dort, wo nur ich es besu-
chen kann."
„Ja, ich verstehe", sagte das Kamel,
„wir alle tragen den Tod in uns, wie eine unreife
Frucht..."

5

„Woher weißt du…"

„Ich habe dein Gedicht gelesen… du hast es liegen lassen…"

„Ach so, ich dachte schon…"

„Nein",
sagte das Kamel,
„das würde ich nie tun."

„Ja",
sagte sie,
„das würdest du nie tun."

„Ich hab es auswendig gelernt und hätte Lust, es in den Sand zu schreiben, als Botschaft für die nächsten, die hier kommen…ich hätte Lust, es zu verschicken, als Flaschenpost…
Wer weiß, wie weit die Worte treiben können…und wen sie eines Tages erreichen…"

„Ja",
sagte sie,
„diese Idee gefällt mir…
Sie gefällt mir sogar sehr…"

Und das Kamel schrieb in den Sand
und sie schrieb auf ein Stück Papier…

6

DAS GANZE LEBEN LANG

„Das ganze Leben lang",
sagte er,
„wie hoch wir auch steigen,
was wir auch immer erreichen-
oder auch nicht-
sind wir doch letztlich
im Grunde die Gleichen."

„Das ganze Leben lang",
sagte sie,
„wie tief wir auch fallen,
wie sinnlos auch scheint,
was uns so alles widerfährt,
es kommt ein Tag,
wo sich dann alles klärt."

„Das ganze Leben lang",
sagte er,
„was wir auch tun-
oder unterlassen-
sind wir doch immer
auf der Flucht."

„Ja",
sagte sie,
„und wir tragen den Tod in uns-
wie eine unreife Frucht."

7

„Sieh nur, Kamel",

sagte sie,

„es hat keinen Sinn, in diesen Sand zu schreiben. Er ist so trocken, dass alles gleich wieder zer-fließt."

„Macht nichts",

sagte das Kamel,

„das Schreiben hat mir Spaß gemacht und da-rauf kommt es an."

„Ja, ich verstehe",

sagte sie,

„nur darauf kommt es an."

„Man kann auch etwas in den Wind schreiben", sagte das Kamel.

„Ich kann mir zwar nicht vorstellen, wie das ge-hen soll, aber ich habe davon gehört…"

„Ich weiß es auch nicht, es klingt irgendwie gut-…aber wie das gehen soll-…keine Ahnung…"

„Eine Flaschenpost ist eigentlich eine Möglichkeit, wie man in das Wasser schreiben kann………
Findest du nicht auch?"

„Irgendwie hast du ja Recht",
sagte sie,
„aber ich glaube, das kann man so nicht sagen,
das ist sprachlich nicht korrekt formuliert…
Verstehst du? Das sagt man einfach nicht."

„Ja siehst du, manche Dinge kann man sagen …
und kein Mensch weiß, wie das gehen soll…
und andere Dinge kann man nicht sagen,
aber man kann sie ganz leicht tun…
Irgendwie seltsam, nicht?"

„Ja, irgendwie schon."

„Aber das mit der Flaschenpost könnte klappen-
Wir brauchen jetzt nur noch eine Flasche",
sagte das Kamel,
„und bis du das nächste Mal zum Meer kommst,
begegnet dir sicher eine…"

„Ja",
sagte sie,
„ganz sicher."

8

Zwischen den vielen Ornamenten der Moschee
ist ein Zeichen versteckt,
durch das man diese Welt verlassen kann…
Wer kann es finden?

Zwischen den vielen Sternen,
ist einer versteckt,
durch den man diese Welt betreten kann-
Nur welcher ist es?

Zwischen den vielen Gedanken
Ist einer verschlüsselt,
durch den die Gedanken erlöschen.

Unter die vielen Teppiche
sind ein paar fliegende gerutscht…
Also Achtung!

Irgendwo da draußen,
verborgen im Sand,
ist vielleicht das Wissen vergraben,
wie man die Lieblosigkeit heilt,
die sich im Lauf der Jahre

tiefer ins Herz frisst,
als eine Sonnenfinsternis-

Ein Ritual von Zärtlichkeit konnte sie schenken,
aber ihr Herz war leer;
doch war die Leere angenehm,
verglichen mit dem Schmerz-

Ich möchte so weit in die Wüste hinausgehen,
dachte sie...
Ich möchte so weit in den Sternenhimmel
hineinschauen,
bis ich den Weg finde,
den Ausweg.
Ein Splitter dieser Lieblosigkeit,
mit der er die Welt sah,
war in ihr Auge gekommen
und sie wurde ihn nicht mehr los...

Könnten die Wüste und der Sternenhimmel,
das heilen,
was in meinem Herzen brennt wie Feuer,
dachte sie,

könnte das Feuer dieser Sonne,
verbrennen die Erinnerung-
Es wird Sand darüber wehen-
Es wird Gras darüber wachsen-
Hol ihn der Sand!

Es gibt Reisen,
von denen kann man zurückkehren
und andere,
da ist das nicht mehr möglich-
Ein Biss
und du fliegst so weit,
dass du nie mehr zurückkannst.

9

Und in den Häusern
sind die Mädchen und die Wünsche
eingeschlossen

und sie träumen sich hoch zu den Sternen
und hinaus in die Wüste;
und sie sitzen im Haus,
wie Blumen,
fest mit dem Boden verwurzelt;

man hört die Stimmen von den Männern,
die da draußen sind,
ihr Reden und ihr Lachen;
sanft rollt die Düne durch die Zeit.

Die schönen Frauen haben Wurzeln geschlagen,
in ihren Häusern,
wie die schönen Blumen
im Garten
und Blumen wie Frauen
sind bunt, sanft und wiegend.

Es ist nicht bös gemeint,
dass man die Frauen einsperrt;
man will sie nur beschützen;
beschützen vor den bösen Männern-

Es ist nicht bös gemeint,
dass sie verschleiert sind;
man will sie nur beschützen-
beschützen vor den bösen Blicken.

Auch dass sie früher nicht zur Schule gingen,
war nicht bös gemeint;
man wollte sie nur schützen,
vor Wissen,
mit dem es sich schwer leben lässt.

Wie wird man nur das Wissen wieder los,
das Schwere…
Besitz kann man verschenken
und schon ist er fort;

Wissen kann man auch verschenken,
doch wird man es dadurch nicht los,
es dringt noch tiefer ein,
tief wie der Sand.

Du kannst auf eine gewaltsame Art leben,
oder auf eine Sanfte…
Du kannst auf eine gewaltsame Art lieben,
oder auf eine Sanfte…
Du kannst auf eine gewaltsame Art gehen,
oder auf eine Sanfte…
Du hast immer die Wahl…

Vielleicht ruhen die Wünsche dort im Dorf,
vielleicht schlafen sie traumlos,
hinter den verzierten, bogenförmigen Fenstern.

Manche Wünsche weckt schon eine Berührung-
Andere bleiben ein Leben lang tot.

10

„Könnte der Sohn der Wüste
das heilen,
was ein anderer in mir verletzt?"
fragte sie sich.

„Könnte er mir im Beduinenzelt
die Strahlkraft wiedergeben,
in nur einer Nacht,
unter dem afrikanischen Himmel"-

Berührung,
die tiefer geht, als die Wüste;
er scheint mit seinen Fingerspitzen,
mit seinen Lippen,
Gefühle gleichsam aus dem Nichts zu schaffen…

„Komm zu *mir* auf mein Kamel,
wir reiten in die Wüste;
ich bring dich weg,
von allem, was dich quält-

Komm *zu* mir in mein Zelt
und öffne dich der Liebe;
wir sind allein,
um uns ist nur der Sand-

Was meine Hände sagen,
das verstehst du",
sagte er,
„auch wenn du es nicht zugibst
und was mein Körper fragt,
dafür weißt du die Antwort-

Wir haben wenig Zeit,
aber es macht nichts",
sagte er.
„Wichtig ist,
dass wir jetzt miteinander sprechen,
dass wir uns jetzt berühren;

eine Woche,
ein Tag,
ein paar Stunden…

Zeit spielt keine Rolle,
hier im ewigen Sand-

Und wenn man die Hände
nur weit genug ausstreckt,
hier in der Wüste,
dann legen die Sterne
beinahe von selbst
sich hinein."

11

Vor den Häusern in den Dörfern, hängt immer ein Schaf zum Trocknen an der Luft, ein Schaf, an dem die Hausbewohner essen und neben diesem Schaf, steht schon ein Neues in Reserve, lebendig noch, an einen Pfosten der Veranda angebunden, sein Schicksal ständig vor Augen
Ich glaube nicht, dass so ein Schaf sich hingegeben hat, man hat es wohl genötigt.

„Wir, die Kamele",
sagte das Kamel,
„essen nur einmal in acht Wochen, das ist sehr praktisch, wenn man in der Wüste lebt, wo Nahrung knapp ist und die Wege weit.
Die Menschen müssen täglich essen und das ist ein Problem.
Die Menschen müssen essen und es ist grausam, dass sie essen müssen.
Sie müssen dafür töten, stehlen oder arbeiten und das beraubt sie ihrer Leichtigkeit und Sanftheit…

Wenn schon die Menschen um das Leben nicht gebeten, warum so hart dann kämpfen, es zu erhalten nur?
Das Leben ist ein Sisyphusgeschenk...

Du hast viele Fragen vergessen, die dich einmal bewegten",
sagte das Kamel,
„sie sind immer noch unbeantwortet und jetzt ist es an der Zeit, sie neu zu formulieren.

Manche Fragen beantwortet schon eine Berührung,
andere erst der Tod."

12

„Was für Fragen?"

„Nun, zum Beispiel, durch wieviel kann ein Mensch sich teilen und dabei ganz bleiben?"

„Ist das wichtig?" fragte sie.

„Ach, nichts ist wichtig", sagte das Kamel, „nur wenn du es für wichtig hältst, dann ist es für dich wichtig…"

„Ja, aber…hat es einen Sinn so was zu fragen?"

„Die Frage nach dem Sinn ist so spezifisch menschlich…
Diese absurde Sehnsucht nach Ewigkeit…
Wo doch das Universum selbst auch sterblich ist, wie wir und jeder weiß, dass nur ewige Wandlung ewiges Leben sein kann,
wo doch Leben und Tod nur eine Frage der Definition sind…

die Frage nach dem Sinn hat keinen Sinn-
aber-
man kann darauf verzichten sie zu stellen
und einfach *leben*."

LUFTSPIEGELUNGEN

1

…und in der Hitze flimmerte die Luft,
es flimmerten Gedanken,
es flimmerten Erinnerungen-
Bilder,
die sich gegenseitig jagten
und Luftspiegelungen gleich aufstiegen…

Eine Sandrose glitzerte einen Augenblick lang
in der Sonne,
dann wurde sie rot und verwandelte sich in
Mohn.
Die Bilder verschoben sich in ihrem Kopf wie
Dias
vor-zurück-vor-vor-vor-schneller-zurück

Und bei manchen Bildern konnte sie nicht weiter, sie blieben vor ihren Augen hängen, jedes ein Link zu einer Begebenheit, deren Details beinahe magisch in ihr Gedächtnis zurückgerufen wurden und die abzulaufen begannen, wie Filme.

Da war sie wieder,
die Kette aus Blutstropfen,
der wilde Honig,
das Zittergras,
die schwarzen Flügel der Nacht,
Räucherwerk,
das tägliche Rauchopfer,
das versprochene Mohnblütenschloss
mit dem Teich,
an dessen Ufern schwarze Rosen blühen.
Nachts,
schlichen die alten Kinder auf den Spielplatz,
schaukelten sich selbstvergessen
in ein fernes Land.
Leben tickte davon, im Herzschlag der Uhren…

Seine Knochenhand, die sie streichelte,
in einem gläsernen Lachen versteckt,
klirrende Tränen;

seine Augen,
kleine, dunkle Seen,
still und tief;
an ihren Ufern abgeblühte Rosen;

das tägliche Rauchopfer;
der Tanz in der Kerze;

seine Augen,
undurchsichtig und dunkel,
zwei schwarze Löcher,
in die zu fallen, sie fürchtete;

seine Finger schlugen Wurzeln in ihrem Fleisch;
sie lag betäubt,
in geheimnisvoll schweigendem Sand;
gestrandet,
an nie gekanntem Land;
dahin trieb sie,
auf seinem Gesicht,
gefangen,
auf dem Grunde des Mohns,
die nächste Rose
fern,
wie der nächste Stern;

sie grub sie aus,
die Vergangenheit…
Glaskugeln und Kastanien…
Walderdbeeren und Zittergras…

frühgealterter Teddybär,
mit dem greisenhaft schütteren Fell…

Würde der Schmetterling der Kindheit
sie empor tragen können,
zu anderen Blumenwelten,
sie erlösen, aus dem Kelch des Mohns?

Sein Gesicht über ihr, beschattete sie tiefviolett,
lastete auf ihr schwer;
er saugte ihr das Blut aus der Brust,
seine Finger schlugen Wurzeln in ihrem Fleisch,
sie steckte fest bis an die Knie in der Erde;
ihre Zehen trieben aus.
War es ihr Haar,
durch das der Nachtwind wehte,
oder schon Birkenlaub?
Schmetterlingsflügel und goldener Staub,
begraben im Sand;
das versprochene Mohnblütenschloss,
mit dem stillen Teich,
die toten Rosen am Strand…
Seine Knochenhand, die sie streichelte…
sein gläsernes Lachen zerschellte
am Herzschlag der Uhren…

Versunken in seinen Augen,
Treibholz auf verwunschenem Teich-
„Schwarzer Zauberer bleib!
Küss meinen weißen Birkenleib."

Ertrunken in seinen Augen,
Treibholz in verwunschener Zeit-
„Schwarzer Zauberer geh!
In ewig eisiger Nacht verweh,

auf dass die Kinder des Lichts erstehen können,
an jedem Morgen neu,
in ewig sich erneuernder Unschuld."

2

Sie starrte auf den Sand,
sie starrte auf den Horizont-

Der taubstumme Sohn des Kameltreibers zog die
Kinder den Sandhügel hinauf und hinunter, dann
grub er sie im warmen Sand ein und machte
seltsame Laute.
Hinter einem Hügel tauchte plötzlich ein Bedui-
ne auf, ein Tablett mit Teegeschirr in der Hand.
Lächelnd bot er frischen Pfefferminztee und
Datteln an und so schnell wie er gekommen war,
verschwand er wieder hinter dem nächsten Hü-
gel.
Die Kinder liefen nach oben und ließen sich im
Sand hinunterrollen. Sie hatten Spaß und lach-
ten.

Sie sah ihnen zu - eine Zeitlang –
Dann begannen ihre Gedanken abzuschweifen-

Farben und Muster tanzten vor ihren Augen wie
bunte, geometrische Muster…

Zwischen den Linien fühlte sie sich davonflie-
ßen…

Farbe war Ozean des Gefühls, in dem sie treiben
konnte…
einer Welt entgegen, von der sie nichts wusste…

Sie begann wieder zu schreiben…

Und zwischen den Zeilen schwamm sie davon…
Wasser berührte Land…
Sein berührte Schein…

Zwischen den Zeilen flog sie davon,
der schwarze Vogel in ihr…
der weiße Vogel in ihr…

Zwischen den Zeilen, dachte sie sich davon,
in einen weiten, ungestörten Raum…

Zwischen den Sätzen, schwieg sie sich davon;
zwischen den Worten, das Nichts,

als Hintergrund, die weiße Fläche,
auf der die Farben sichtbar wurden…

In ihr, eine schwarze Fläche,
die die Farben verschluckte,
manchmal größer,
manchmal kleiner,

der schwarze Vogel hackte ihr die Farben aus,
der weiße Vogel verwandelte sie in Licht.

Zwischen Licht und Dunkel trieb sie davon,
in einer endlosen Welt grauer Schatten gefangen,
verloren in dem Raum,
der zwischen Sein und Schein sich auftat,
zwischen Wirklichkeit und Wahrheit…

Der schwarze Vogel in ihr…
zwischen den Zeilen das Nichts…
der weiße Vogel in ihr…
der Hintergrund,
auf dem die Farben sichtbar wurden,

die endlose Welt grauer Schatten-
ozeanisches Gefühl, in dem sie treiben konnte,
einer Geburt entgegen,
von der sie nichts wusste.

Zeit floss davon,
im sinnlosen Treiben-
Zwischen den Zeilen-
im Nichts-
Zwischen den Linien-
im Sein-
Zwischen Licht und Dunkel-
im Schein-
Zwischen Land und Wasser-
in einem endlosen Fluss grauer Schatten,
floss sie davon…

…und weiter jagten sie Erinnerungen,
jagten sie Bilder, aus dem Sand geboren…
verschwommen in der Hitze tanzend…

und sie erlebte wieder jene Tage,
die ihre Runde schlichen um die Uhr…
die trübe Wintersonne wärmte
-wenn überhaupt-
nur in der Phantasie…

Ein violetter Traum,
durchzogen von Goldfäden,
schmolz langsam im Wachs dahin…

Unter dem Kopfkissen,
griffbereit,
ein gefährlicher Wunsch…

und auf dem Tisch,
da brannte eine Kerze
für ein Kind

-verloren-
zwischen Wirklichkeiten,
die sich nicht mehr berührten.

Und jene Tage
einst in Wien,
auch die holten sie wieder ein
und sein Gesicht stand in den Sand geschrieben.
Hol ihn der Sand!

Manche Tage vertreibt schon die Dämmerung;

die Erinnerung an andere
löscht vielleicht
nicht einmal der Tod.

4

„Was hast du da zerrissen?"
fragte das Kamel.

„Ach",
sagte sie,
„das, was ich da geschrieben habe,
ist für mich selber unerträglich…
sieh es dir an, wenn du unbedingt willst…
wenn du die Fetzen zusammenlegst,
kannst du es sicher noch lesen…
aber versprich mir,
dass du es dann wegwirfst…"

Und das Kamel las still für sich
den Text,
auf den zerknüllten Fetzen von Papier…

Himmel und Hölle

„Ich werde auf sie aufpassen",
versprach er ihrer Mutter,
kurz bevor diese starb-

und ein paar Wochen später,
schlug er sie das erste Mal.

„Ich werde dich auf Händen tragen,
wenn du erst mein Kind trägst",
sagte er
und trat sie dann mit Füssen.

„Du bist meine Märchenprinzessin,
meine Traumfrau",
sagte er
und schimpfte sie dann eine miese Nutte.

„Ich werde dir treu sein,
bis ich sterbe",
sagte er
und dann steckte er ihrer Tochter
seine Zunge
in den unschuldigen 10-jährigen Mund.

Irgendwann
kam sie dahinter,
dass er sie belog;

irgendwann
kam sie dahinter,
dass er sie bestahl;

irgendwann
konnte sie kein Wort von ihm
mehr glauben.

Irgendwann
schrie sie sich,
während der Geburt des Kindes,
die aufgestaute Verzweiflung
vom Leib.

„Ich weiß nicht,
warum ich zerstöre,
was ich am meisten liebe",
sagte er,
als sie sich von ihm trennte
und weinte bitterlich.

„Wirf es jetzt endlich weg!"
so bat sie das Kamel-
„Und sag jetzt nichts…
Es gibt da nichts zu sagen…"

„Ja",
sagte das Kamel,
„alles was man dazu noch sagen könnte,
wäre falsch…"

Und dann schwiegen sie beide.

5

„Lies mir doch jetzt was vor",
so sagte das Kamel,
„ich wünsche ein Gedicht zu hören,
eines von denen,
die du früher schon geschrieben hast."

Und sie begann zu lesen…

ÖFFNE DEIN GESICHT

Öffne dein Gesicht
Ich will doch sehen,
was dahinter steckt-

Öffne deine Stirn,
ich will sie lesen,
die Gedanken,
nur einen Augenblick
und dann vergessen,
wenn du willst,
für immer-

Mache dein Herz zum Meer-
ich will jetzt nur treiben-
entfessle die gezähmten Gefühle
und öffne die Tore der Kraft,
damit mich berührt,
der Atem der Schöpfung-
ich will erschaffen-
erschaffe du in mir,
nur einmal noch,
neu die Welt.

6

„Wenn du jetzt weitergehst",
so sagte das Kamel,
„wirst du noch manches sehen…
Orte und Menschen aus der Vergangenheit…
Du hast es schon bemerkt, nicht wahr?
Du hast es schon bemerkt, was hier geschieht…
Sieh dir die Hügel genau an…
Hinter jedem von ihnen wartet eine Geschichte.
Du kannst vorher umkehren,
aber wenn du den Gipfel des Hügels überschritten hast, ist es zu spät,
dann musst du durch diese Erinnerung hindurchgehen.
Überleg es dir gut!

Willst du weiter?"
„Ja", sagte sie, „ich will weiter."

„Nun gut! Zu welchem Hügel reiten wir zuerst?
Such dir doch einen aus!"

„Geh zu dem Kleinen dort, der golden glänzt."

7

…und plötzlich war sie wieder da…
die graue Stadt an der Donau…
nebelverhangen-
wie an jenem Tag,
als sie den Freund lang vergangener, glücklicher
Tage noch einmal besucht hatte…

Zwei Jahre ihres Lebens hatte sie dort zurückge-
lassen…
vor Ewigkeiten…
zwei Jahre, längst abgesetzt, auf ihres Bewusst-
seins Grund…

zu einer Zeit,
als ihre Welt noch neu gewesen war…
als ihre Möglichkeiten grenzenlos erschienen…
und ihre Zeit fast unendlich…

„Komm! - gehen wir wieder in den Park!

Komm! - suchen wir ein Grün aus vergangener Zeit;
Schau! - der geteilte Stamm des Baumes dort, formt immer noch ein geheimes Zeichen und wir können es auch jetzt nicht ergründen…"

Zwischen ihm und ihr, waren inzwischen Jahre, voll von Erlebnissen, die sie nicht miteinander geteilt hatten…
Sie waren beide verändert und die Bedeutung der Dinge hatte sich verschoben…
Es gab jetzt keine Sicherheiten mehr…nicht für Gedanken…nicht für Gefühle…
Es gab nichts mehr, woran sie, ohne durchaus berechtigte Zweifel hätten glauben können…
Ihre Zeit war abgeerntet…
Sie hielten nur noch Nachlese, auf den einst so reichen Feldern…

Gras im Park- frühlingsgrün, grünes Moos und Flechten an den Bäumen…
„So müsste man sein" ,dachte sie.

„Der nackte weiße Fels des Körpers mit grünem Moos bewachsen, langes, grünes Gras als Haar, Gänseblümchen als Schmuck" -

Viel zu schnell schloss sich der Kreis einer Stunde zur Kugel und sie rollte davon…

Immer wieder lief sie Stunden nach, die ihrer Erinnerung entglitten…
Sie sprangen über die Straße, rollten in der Rinne beim Gehsteig auf das Kanalgitter zu…
Sie lief ihnen nach und versuchte sie rechtzeitig einzufangen, wischte sie sorgfältig ab, hauchte sie an und polierte sie, bis sie in ihren Händen zu Glaskugeln wurden;
Dann steckte sie sie ein;
Sie wünschte sich, sie könnte diese Kugeln durch ihre Adern rollen lassen, dass sie in einem geschlossenen Kreislauf immer wieder durch ihren Körper kreisen könnten, immer wieder durch ihr Herz…

Es war damals seltsam gewesen, sie wiederzu-
sehen, die graue Stadt an der Donau mit dem
grünen Park-

Nebelverhangen- wie damals- ließ sie sie jetzt
zurück-
Die bunten Kugeln hatte sie mitgenommen...
Sie war jetzt nicht mehr traurig, dass die Ernte-
zeit vorbei war,
zwischen ihm und ihr
war auch das Schweigen gut...
Bunte Kugeln,
kleine, bunte Steine,
bunte Kugeln rollten durch ihr Blut.

„Willst du noch weitergehen?"
fragte das Kamel,
„Dann sag mir, welchen Hügel du als nächsten
nimmst!"

„Ich nehme den ganz links, den Großen", sagte
sie und das Kamel trug sie auf seinen Gipfel…

Und plötzlich war da diese Stimme wieder…

*(Als Kind war sie jeden Abend voll Bitterkeit ein-
geschlafen, voll Bitterkeit gegen ihre Großmut-
ter, die sie bis spät in die Nacht mit ihrer Mutter
streiten hörte; der Ton dieser keifenden Stimme
verfolgte sie bis in den Schlaf…)*

Die Großmutter verabscheute Zärtlichkeiten…
Und sie verabscheute Schmutz…

Wenn sie von ihren Streifzügen durch die Wälder nach Hause gekommen war, goldbestaubt und glücklich, hatte die Großmutter nie ihre leuchtenden Augen gesehen, sondern nur ihre schmutzigen Kleider…

Überhaupt hatte sie die Dinge nie so gesehen, wie sie waren, in ihrer Schönheit, sondern nur den Schmutz, der an ihnen war und ihr Anlass gab zur Arbeit.

Die Großmutter hatte immer nur gearbeitet, das war ihre Idee von Leben, das gehörte sich so; bis weit über ihre Möglichkeiten hinaus hatte sie für andere Dinge getan, die gar niemand wollte und die ihr daher auch niemand dankte. Wie ein gefangenes Tier war sie den ganzen Tag im Kreis gegangen, immer im Kreis, gefangen, hinter unsichtbaren Gitterstäben…

Sie hatte das Lachen des Glücks nicht verstanden, wenn es ihr begegnete, sie hatte nur viel zu erzählen gewusst, von Arbeit und Mühe, von Plagen und Sorgen und immer wieder Sorgen und so wenig von Glück.

Es war damals niemandem klar gewesen, dass die Großmutter nicht anders konnte…dass es für ihren „schwierigen Charakter" medizinische

Fachausdrücke gab, die eine behandlungsbedürftige Störung bezeichneten...

Später, als sie ihr eigenes Leben lebte, weit weg von der Großmutter, als sie sie nur noch selten sah, war sie ihr immer sehr fremd gewesen, in ihrer neuen, ungewohnten Rundlichkeit. In ihrer von Tabletten bescherten apathischen Ruhe, die über ihr lag wie ein Schleier, der leicht zerriss, in ihrer zunehmenden Unbeweglichkeit, mit den Narben an der Innenseite ihres Handgelenks ,diesen Narben vom Schnitt der Rasierklinge, die ihr immer wieder Angst machten, die bei jedem Besuch hypnotisierend ihren Blick an sich rissen und die Erinnerung wieder aufwühlten an jenen Tag an dem sie die Großmutter gefunden hatte, -regungslos- und das ganze Bad war voll Blut gewesen.

Sie hatte damals nicht gleich verstanden, was vorgefallen war, da war nur diese Panik, die sie heute noch ausbrechen fühlte, wenn sie an jenen Tag dachte.

Sie war damals durch den ganzen Ort zum Arzt gelaufen, obwohl sie das Telefon hätte benützen können, aber das war ihr nicht in den Sinn gekommen, irgendwie war es für sie wichtig gewesen zu laufen…

Und sie wollte wohl auch nicht mehr allein dort im Haus mit der Großmutter bleiben, bis Hilfe kam.

Und dann diese Nacht danach, als ihre Mutter geweint hatte, so furchtbar, dass sie fürchtete, sie könnte daran sterben…

Als ihre Mutter sich an sie geklammert hatte, so fest, dass sie keine Luft mehr bekam und in Panik ausbrach, von dem Gefühl, jetzt gleich ersticken zu müssen und sie es doch nicht wagte, die verzweifelte Umarmung der Mutter wegzuschieben…

Jahre später, als sie vom Tod der Großmutter erfahren hatte, weinte sie und das überraschte sie sehr;

Was schmerzte, war wohl der Gedanke an all das, was zwischen ihr und ihrer Großmutter an Schönem nie gewesen war.

Sie hatte die Großmutter bald in Frieden ruhen lassen, sie hatte sie willig sterben lassen aus ihren Gedanken-
Damals...

Aber jetzt-

Hier in der Wüste, nach all der Zeit, stand die Großmutter plötzlich vor ihr...
Und sie war so anders als früher...

Sie gingen zusammen eine Regenbogenstraße entlang und kamen an Orte, wo Zittergras wuchs und tausend Farbäderchen das Gestein durchzogen...
Sie gingen einen vergessenen Teich zu suchen, an dessen Ufern schwarze Rosen blühten und roter Mohn...
Sie rasteten in Weizenfeldern und unter Haselsträuchern und sprachen von ihrem Garten mit den wunderschönen Rosen...
Und von dem kleinen Mädchen, das die Großmutter einmal gewesen war...

Von ihrer alten Heimat, irgendwo in Böhmen, in einen kleinen Dorf, das es schon lange nicht mehr gab, wo aber alles immer schön gewesen war
-in den Erinnerungen der Großmutter- …

„Weißt du auch sicher wer ich bin?" fragte sie sie. „Erinnere dich doch! Ich war das kleine Mädchen, das dich immer Oma nannte, das einzige, du kannst mich nicht verwechseln, ja?"

Dann kamen sie zu einem alten Friedhof…
Und sie lasen die Inschriften und Sprüche auf den Grabsteinen. Auf einem stand:

Es lebt dem Herzen,
was dem Aug entschwindet;
wenn Liebes uns verlässt,
bleibt doch die Liebe.

Und sie waren zusammen traurig, über den Tod eines kleinen Marienkäfers;
und sie lachten über die Gräber.

Sie erfanden eine Regentropfenmelodie und einen Sonnenstrahlentanz, schrieben ein Gedicht über Tannennadeln, webten aus dem Duft des Waldes und der Felder einen Teppich…

Und sie bat die Großmutter um eine Kette aus Tautropfen und um einen Polster aus echten Wolken.

Sie gingen die Regenbogenstraße entlang und pflückten Gedanken am Weg, banden sie zu einem Strauß…

Es war schön gewesen die Großmutter so zu sehen, doch jetzt war es an der Zeit für sie zu gehen, bevor die Erinnerung anfangen würde, ihr weh zu tun; die Erde hatte ihr kein Glück gebracht…
Aber das schien jetzt nicht mehr wichtig;

Sie schenkte der Großmutter noch Blumen…
warf sie ihr nach über den Regenbogen…
Sie sah sie noch von Ferne mit ihnen winken…

Holunder aus dem Garten und Vergissmeinnicht-

„Sieh nur Kamel, sie winkt noch immer!"

„Ja, ich sehe sie auch winken;
ich glaube dort, wo sie jetzt wohnt,
gibt sie den Blumen Himmelstau zu trinken."

9

„Wohin willst du als nächstes?"
fragte das Kamel.
„Geh gleich zum nächsten",
sagte sie,
doch als sie das Kamel dann auf den Hügel trug,
wurde ihr plötzlich mitten in der Wüste kalt, ein
seltsames Gefühl stieg in ihr auf, sie wollte zurück, doch es war schon zu spät...

Es war wieder da, das große Gesicht, das über
ihr aufgetaucht war, in alten Träumen, ein verschwommenes Antlitz, übergroß, wie das Antlitz
eines heimlichen Gottes, hing es über ihr, -
schwer- und auch jetzt hätte sie nicht sagen
können, beschützte es sie damals, oder hielt es
sie gefangen...

(Eigentlich hatte sie sich als Kind ganz wohl gefühlt, bis zu dem Tag, an dem sie hörte, wie die

Nachbarin ihrer Tante ins Ohr flüsterte, wie arm
das Kind doch sei, weil es keinen Vater habe, es
könne einem wirklich leidtun…
Von diesem Tag an hatte sie sich arm gefühlt…)

Eine Zeitlang war ihr Vater dann ein Bild gewesen, ein Bild, auf dem er drei Zentimeter groß war, drei Zentimeter - so klein war er inzwischen geworden- aber dieses Bild hatte sie damals ständig bei sich getragen, sie legte es unter ihr Kopfkissen, wenn sie schlafen ging, steckte es in die Geldbörse, sooft sie das Haus verließ und es war ihr Geheimnis gewesen, in jenen Tagen, das einzige Bild, das es gab, auf dem er sie im Arm hielt.

Immer wieder schlich er sich in ihre Träume, wurde selbst zum Traum, unerreichbar und fern…

Als sie ihn eines Tages besuchte, als sie zum ersten Mal mit ihm sprach, zerstörte er mit seinen Worten ihre Flügel, die Schmetterlingsflügel, die Goldbestaubten. Er wischte den Goldstaub einfach ab und sie konnte nicht mehr fliegen.

Und dann hatte sie ihn sterben lassen, sie begrub ihn nachts; heimlich, wie sie ihn in ihre Träume gelassen hatte, so heimlich begrub sie ihn auch, begrub alles von ihm, das große, verschwommene Bild und das kleine Foto, legte ihre Flügel dazu, die bunten, zerschlagenen.

Und sie wünschte sich ein Kind, das keinen Menschen je Vater nennen würde, sondern zum Wind sollte es Vater sagen, zu den Bäumen und zum Himmel; zur Kraft der Liebe sollte es Vater sagen, aber niemals zu einem, aus dem Geschlechte der Menschen…
An den Stamm einer Birke gelehnt, hatte sie oft gefühlt, wie die Kraft der Erde in ihren Körper strömte, wo war die Grenze, zwischen der Form des Baumes und ihrer eigenen Form? Das Rauschen der Blätter knisterte in ihrem Blut, die weiße Haut des Stammes bedeckte ihre Hände…
Und sie hätte sich gewünscht, Erde zu sein, für eins der Kinder dieser Birke; aus ihrer Schulter wollte sie es wachsen lassen, die Kraft der Menschen würde sie es trinken lassen, seine Blätter würde sie nähren mit ihrem Blut…

Wieder lag sie am Boden, an den Laib der Erde geschmiegt, ihr Körper fühlte sich an wie ein Weizenfeld, aus ihrer Schulter wuchs eine Birke, in ihren Adern floss buntes Licht, durch sie hindurch wehte der Wind…

Ihr Vater war der Weizen auf dem Feld, ihre Mutter war das Licht…

Wie hatte sie einmal glauben können, dass ein Mensch es war, von dessen Willen und Blut sie lebte…

Ihr Vater war der Weizen auf dem Feld, in ihren Adern floss buntes Licht, durch sie hindurch wehte der Wind…

Wie klein musste sie gewesen sein -damals- dass sein Gesicht groß genug war, den Himmel damit zu verhängen -wie klein-

Die Schmetterlingsflügel hatte sie damals verloren, aber sie würde sich die Flügel der Schwalbe nehmen und weiter und höher fliegen, als je zuvor;

Und nie wieder würde eines Menschen Hand sie fangen, nie wieder-

Und der Himmel über ihr war groß und blau und tief, tiefer als das Meer-

Falls es doch jemanden geben sollte, der die Sonne hielt, der konnte vielleicht ihr Vater sein und derzeit war die Erde wohl doch ihre Heimat, egal wie fremd sie sich fühlte...
Und vielleicht konnte man ja noch eines Tages überraschend das Universum erben...

„Vielleicht", sagte das Kamel,
„wirst du noch einmal ein Wesen treffen, das dich aus seinen Träumen kennt;
Vielleicht bist du die fehlende Zahl in einer Gleichung, die irgendwo, am anderen Ende des Universums ohne dich nicht aufgeht."

10

„Schau, auf dem rosa Hügel dort blühen Gera-
nien…bring mich dort hin, ich möchte sie be-
trachten, doch bleibe vor dem Gipfel stehen, ich
habe eine Ahnung, was dahinter ist und es ist
noch zu früh…ich will nur zu den Blumen."

Und sie besah sich die Geranien genau, sah, wie
sich in goldgrünen Blättern die Sonne spiegelte,
die Knospen waren stachelgleich, zartrosa die
Blütenblätter, von roten Adern durchpulst,
fünf rosa Blütenblätter;
aus rotübermaltem Kelch waren sie gewachsen,
tiefrot durchpulste der Herzschlag den Stern in
der Mitte;
rote Adern schlugen im Blütenherz,
sie warfen hellblaue Schatten auf weißem Papier
…sie tranken das Wasser…
goldgrüne Blätter-
es spiegelte sich die Sonne-
ein Blütenherz, geformt aus zwei Blütenblättern-
tiefrot durchpulst von handliniengleichen Adern-

hellrosa Blüten tranken das Wasser -
gewachsen aus rotübermaltem Kelch-
roter Stern in der Mitte-

Die rosa Blätter der Blüte tranken das Wasser-
tiefroter Pulsschlag im Blütenherz-
goldgrüne Blätter-
sie tranken das Wasser-
tiefrote Adern-
fünf rosa Blütenblätter...
hellblaue Schatten tranken das Wasser-
sie tranken das Wasser und würden morgen
einschlafen-

„Kamel, ich kann nicht weiter",
sagte sie,
„weil ich bin mir sicher, das dort ist das Haus
von meiner Mutter und hinter dieser Türe war-
tet sie; aber es ist zu früh, ich kann ihr jetzt noch
nicht begegnen, es ist zu früh nach ihrem Tod."

„Eines Tages wirst du wiederkommen.",
sagte das Kamel,

„Ich werde auf dich warten und dich dann selbst hierher bringen und dann, zur rechten Zeit, wirst du sie sehen.
Es hat alles Zeit-
viel Zeit…"

UWE UND ELKE AUS DEUTSCHLAND UND
DIE FRAU MIT DEN KINDERN

Um die Privatsphäre der Personen zu schützen,

habe ich ihre Namen geändert;

und ich muss behaupten,

dass ihre Gespräche frei erfunden seien-

Ähnlichkeit mit derzeit lebenden Touristen

Ist beabsichtigt,

aber rein zufällig-

1

Die Frau mit den Kindern war spät in der Nacht angekommen. Sie hatte für ihre drei Töchter ein Familienzimmer und für sich selbst einen Einzelraum nebenan gebucht und sie war gerade dabei, sich drei Wünsche auf einmal zu erfüllen.

Als sie so alt gewesen war, wie ihre Töchter jetzt, hatte sie oft bis spät in die Nacht hinein die Werke von Saint- Exupéry gelesen und dabei eine tiefe Faszination für die Wüste entwickelt-
(wobei diese derartig ausuferte, dass einer Schulfreundin, die ihr damals sehr nahe stand, jeglicher Kontakt mit ihr verboten wurde.
Die Mutter des Mädchens befürchtete schlechten Einfluss, im Sinne von Realitätsverlust.)

Jetzt, nach so langer Zeit, würde sie die Sahara endlich zum ersten Mal wirklich sehen-

Und ebenfalls zum ersten Mal, würde sie mit ihren Kindern in einem richtigen Hotel Urlaub machen, wo, -welch Wunder- ganz ohne ihr Zutun bereits für alles gesorgt war und wo sie sich um nichts würde kümmern müssen.

(Sonst waren sie immer in Spanien gewesen, wo ihre Mutter lebte...

Es war zwar schön dort -für die Kinder-...

Aber für sie selbst, setzte sich in vielen Dingen nur der Alltag fort und das unter erschwerten Bedingungen...)

Und zum dritten wollte sie den Kindern Gelegenheit geben, noch einmal etwas Schönes zusammen zu erleben, denn seit die älteste Tochter vor einigen Monaten ausgezogen war, hatten die Mädchen nicht mehr so viel Gelegenheit zusammen zu sein, wie früher.

Am ersten Abend ging sie eine kleine Runde um die Anlage und war zufrieden; sie verabschiedete sich von den Kindern, die unbedingt um zwei

Uhr morgens noch den Swimmingpool auspro-
bieren wollten und ging schlafen.

Am nächsten Tag erkundeten die Kinder alles,
was das Hotel zu bieten hatte;
Sie interessierten sich für die Sportgelegenhei-
ten...
Sie entdeckten die Pferdeställe...
Später machten sie eine Bananabootfahrt am
Strand.
Sie fanden schnell Freunde-
Jeder, mit dem sie einmal ein paar freundliche
Worte wechselten, schien sich für einen ganz
besonderen Freund der drei Mädchen zu halten
und bot an, ihnen etwas Neues zu zeigen und so
waren sie die meiste Zeit unterwegs...
Aber zu den Mahlzeiten kamen sie immer pünkt-
lich zurück.

2

Die drei Mädchen badeten gerade am Strand, als ein Junge, den sie von den Pferdeställen her kannten, auf einem Kamel vorbeikam.

„Willst du mitkommen?"

„Ja, gerne!"

Die älteste Schwester überlegte nicht lange und schon war sie aufgestiegen. Der Junge ritt mit ihr den Strand entlang und sie nahm an, dass er irgendwann nach ein paar Minuten wieder umkehren würde, um sie zu ihren Schwestern zurückzubringen…

Aber plötzlich schwenkte er ab und ritt landeinwärts.

„Nicht so schnell!"
rief sie, als er das Kamel laufen ließ, aber er hörte nicht mehr auf sie und lachte nur.

In seinem Lachen lag eine ganz elementare männliche Macht.

Willst du eine Frau?-

Dann nimm sie dir einfach!

Gibt man sie dir nicht?-

Dann entführ sie eben!

Es gab da diese alte Geschichte von seinem Großvater, der seine Großmutter geraubt hatte, während sie am Brunnen Wasser holte...er war einfach vorbeigeritten und hatte sie hoch zu sich aufs Pferd gerissen und während die anderen Mädchen, die sie begleiteten, noch hysterisch kreischten, war er mit seiner geraubten Braut längst über alle Berge...am Anfang hätte sie ihn nicht gewollt, hätte gekratzt und gebissen, so oft er sich ihr näherte...aber das hätte sich nach der Geburt des ersten Kindes gegeben...

„Tu einfach was du willst",

pflegte sein Großvater zu sagen,

„vertraue deiner Kraft...

Selbst wenn du arm bist, bist du ein stolzes, freies Wesen und du kannst alles tun und alles haben, alles was du willst...

Du stammst von Beduinen ab und in der Wüste ist jeder starke, junge Mann ein Prinz"…

Der Junge war wie in einem Rausch, er hatte das Mädchen in seiner Gewalt und folgte einfach einem wilden Impuls, den er in sich verspürte…

Ihr war sofort klar, dass sie, so wie die Dinge standen, wohl auf ihn angewiesen war, weil nur er konnte sie zum Hotel zurückbringen, wo ihre Schwestern jetzt allein am Strand waren.
-er hatte sie praktisch entführt-…
Und sie hatte nur ihren gelben Bikini an und nicht einmal ein Tuch dabei…

An einem Gestrüpp hielt er an und sie stiegen ab. Er war jetzt mit ihr allein und das erweiterte seine Möglichkeiten…
Und so wagte er einen Vorstoß und begann sie anzufassen…dann versuchte er, sie zu küssen…
Sie wiederum bemühte sich, ihn möglichst auf Distanz zu halten, ohne ihn dabei zu verärgern, oder irgendwie seinen Stolz zu verletzen.

Als nächstes beschloss er, mit ihr in ein weiter entferntes Dorf zu reiten.

Unterwegs kaufte er ihr Nüsse in einer Papiertüte. Eigentlich hätte sie ja die Hand lieber frei gehabt, aber er fragte sie nicht nach ihren Wünschen. Er fällte einfach die Entscheidung, dass er ihr jetzt Nüsse kaufen würde und sie hätte es nicht gewagt, abzulehnen.

Auf seine Art und für sein Dafürhalten, behandelte er sie durchaus zuvorkommend, aber ihr blieb wohl bewusst, dass seine Freundlichkeit auch umschlagen könnte.

Irgendwie kam sie sich vor wie eine geraubte Königin, die zwar nichts mehr zu sagen hatte, die aber immerhin damit rechnen konnte, mit Respekt behandelt und bedient zu werden…

Nach etwa zwei Stunden kamen sie dann in ein Dorf, welches ganz anders aussah als alle Dörfer, die sie in ihrem bisherigen Leben gesehen hatte.

Es war aus Lehm gebaut oder vielleicht mehr aus einer Mischung aus nasser Erde und Sand, denn sie bemerkte, dass die Wände alle Sprünge hatten und als sie mit den Fingern darüberfuhr, bröckelte sofort etwas von der Substanz ab.

Die Straße war aus dem gleichen Material und es gab da eine Art Dorfplatz mit einer Gastwirtschaft. Auch hier war der Boden aus Sand, ein paar Holztische und Blechstühle standen herum und er beschloss, hier Rast zu machen.

„Setz dich da hin und bleib einfach ruhig sitzen, egal was passiert…schau niemanden an und rede mit niemandem!"

Sie versuchte seinen Anweisungen zu folgen, aber sie war von Natur aus viel zu neugierig und so begann ihr Blick bald wieder zu wandern-

Was ihr sofort auffiel war, dass es in dem ganzen Dorf keine Frauen zu geben schien-
Auf der Straße sah sie nur Männer, Buben, und Tiere -Ziegen, Schafe und Kamele-, die zumeist im Schatten einer Mauer dösten.
Etwas später würde ihr klar, dass die Frauen und Mädchen natürlich alle in den Häusern waren…
Einmal kam eine heraus;
Sie warf einen kurzen Blick auf die Straße, dann verschwand sie bis zu den Augen unter ihrem langen Tuch, welches sie, da sie in den Händen

einen großen Topf trug, sicherheitshalber mit den Zähnen festhielt. Sie huschte mit gebeugtem Kopf schnell über die Straße, wo sie alsbald in einem der gegenüberliegenden Häuser verschwand.

Der junge Mann und seine Begleitung im gelben Bikini erregten gewaltiges Aufsehen…

Die Männer stierten das Mädchen fassungslos an…

So etwas bekam man hier normalerweise nicht zu sehen-

Überhaupt bekam man fremde Frauen selten zu sehen und noch seltener unverschleiert und sowas, wie das hier, hätten sie sich nicht träumen lassen…

So etwas gab es vielleicht im Kino in der Hauptstadt…

So etwas gab es angeblich im ausländischen Fernsehen, aber doch nicht hier, in ihrem Dorf, in ihrem kleinen Gasthaus…

Manche kamen näher und berührten das Mädchen vorsichtig am Oberarm oder an der Schulter, wie um sich davon zu überzeugen, dass sie wirklich existierte.

Der Junge bestellte etwas zu trinken und bewachte sie, so gut er konnte.

Die Augen der Männer umschwirrten das Mädchen beharrlich, wie schwarze Fliegen, dagegen ließ sich nichts machen, aber er verbot ihnen, sie zu berühren.

Ein paar Tiere gingen zwischen den Tischen herum und das Mädchen beugte sich gedankenverloren nach vorne, um eine kleine, staubige Ziege zu streicheln, während sich das Starren der Männer noch weiter verstärkte.

Dann fragte sie den Jungen, wo hier die Toiletten seien. Er überlegte kurz -die Toiletten- das war allerdings ein Problem, das er noch gar nicht bedacht hatte, denn da sich in dieser Gaststätte normalerweise keine Frauen aufhielten, gab es folglich auch keine Damentoilette und so bestand er darauf, mitzugehen.

Er fasste sie am Arm und brachte sie zu einer unglaublich schmutzigen Fäkaliengrube. Dort blieb er die die ganze Zeit über in Bewacherpose neben ihr stehen, immer auf dem Sprung, etwaige hereinkommende Männer abzuwehren…

Irgendwie war es anstrengend, mit diesem Mädchen unterwegs zu sein, fand er, wenn auch natürlich sehr aufregend…

Dann wurde ihm schlagartig klar, dass er sich jetzt wohl besser beeilen sollte, sie schleunigst zurückzubringen, bevor man das Mädchen beim Abendessen im Hotel vermissen würde…

3

„Deine Tochter soll nicht mit jedem reden", sagte am nächsten Tag einer der Animateure zu ihrer Mutter.

„Deine Tochter soll nicht mit jedem mitgehen!"

„Hier im Hotel können wir aufpassen, aber was da draußen passiert, entzieht sich unserer Kontrolle."

„Warum sagen sie ihr das nicht selber, mir glaubt sie ja doch nichts", sagte die Mutter.

„Warum sagen mir die das nicht selber, ich glaube, die sind nur eifersüchtig", sagte die Tochter.

Und dann schoben Mutter und Tochter die Worte so lange hin und her, bis sie sich darüber einig waren, dass das ganze Leben die Tendenz zeige, sich der Kontrolle zu entziehen.

4

Nach dem Abendessen gingen die drei Mädchen am Strand spazieren.

Der kleine Pinienwald sah im Dunkeln sehr schön aus und der Mond spiegelte sich im Wasser.

Sie gingen durch den Sand, dann zogen sie die Schuhe aus und gingen im Wasser weiter; eine größere Ansammlung von Lichtern interessierte sie, offensichtlich war da eine Ortschaft, auch die Lichterkette einer Straße zeichnete sich ab…

Sie beschlossen dorthin zu gehen, doch war der Wald viel weiter entfernt, als sie dachten, denn nach etwa einer halben Stunde, waren die Lichter kaum näher gekommen.

Die Mädchen setzten sich auf ein Stück Treibholz, um zu rasten. In der Nähe war eine kleine Hütte.

Die Älteste versuchte, die Türe zu öffnen, einen Spalt weit ging sie auf, dann schnappte sie wieder zu.

Drinnen in der Hütte hörte man das Brummen einer Stimme, dann öffnete sich die Türe und ein Mann kam heraus...
Er schien etwas desorientiert...
Vielleicht hatte er schon geschlafen-

„What a surprise!!"

Er starrte die Mädchen an und überlegte kurz...
Dann entschloss er sich, sie hereinzubitten.

„Come in, please, be my guests".

Die Jüngste erinnerte sich später, dass er ihnen etwas zu essen angeboten hatte, ein braunes Pulver, das er mit Wasser zu einer Art Brei vermengte und Psiza nannte.

„Es hat ein bisschen geschmeckt wie Kaffee mit Salz und Sand", erzählte sie ihrer Mutter,
„aber den anderen hat es geschmeckt."

Dann erzählte der Mann irgendwelche Geschichten, aber er sprach nur Englisch, deshalb verstand sie das meiste nicht, aber sie setzte sich zu ihrer ältesten Schwester und die übersetzte ihr das Wichtigste.

„Ungefähr nach einer halben Stunde, hat er uns wieder gefragt, ob wir Hunger haben und dann hat er Weißbrot gebracht mit einem weißen Belag mit Kräutern drinnen, das hat gut geschmeckt."

„Was meinst du...meinst du Frischkäse?"
fragte die Mutter.

„Ja, ich glaube, es war Frischkäse, es hat nur irgendwie anders ausgesehen... aber geschmeckt hat es schon so ähnlich."

Aus der Ecke, wo er die Lebensmittel lagerte, brachte der Mann ein Säckchen mit einem weißen Pulver, das er den Mädchen zeigte.

„Das nennt man Dro",
sagte er.
„Ich studiere in Amerika und wenn ich unterwegs bin, auf Reisen, nehme ich das gerne mit...es ist praktisch, Dro dabei zu haben, wenn

man wenig Geld hat, weil Wasser bekommt man fast überall und schon hat man in allen Lebenslagen zu essen... das muss man nur verrühren...
Nur einmal, da war ich am Flughafen und die fragen mich was das ist und ich sage: Dro
Und die fragen Dro???
Und schauen sich an.

„What´s that-Dro??" fragt mich der Beamte und ich sage ihm, dass das in Tunesien was zum Essen ist.
Nach einigem hin und her haben sie mich dann doch gehen lassen.

Ja, bei uns hier ist das das typische Essen der Einheimischen, aber anderswo ist das natürlich heikel- ein weißes Pulver, das auch noch Dro heißt...ist aber garantiert ganz harmlos.

Die Hütte war selbstgebaut, aus mit Seilen zusammengebundenen Baumstämmen und das Dach war mit Palmwedeln gedeckt; die Tür wurde durch ein, an einen Hacken gehängtes, Stück Einziehgummi geschlossen.

Links neben der Tür war ein Hochbett, daneben ein kleines Kästchen mit einer Lampe, in der Ecke gegenüber waren etliche Säcke mit Lebensmitteln, weiter rechts eine Abwasch und in der anderen Ecke ein Kühlschrank.

In der Mitte befand sich ein runder Teppich, um den herum einige Polster lagen, auf denen sie saßen.

Der Mann brachte einen Rost und zündete Feuer an. Er stellte die Kanne darauf und gab Tee hinein, den er etwas anröstete, dann fügte er große Mengen von braunem Zucker hinzu und füllte die Kanne mit Wasser.

„Jetzt muss man nur noch warten, bis er kocht und am besten schmeckt er, wenn man ihn eineinhalb Stunden ziehen lässt."

Er erzählte, er habe vor, in seiner Hütte tagsüber Getränke und Imbisse an die Touristen zu verkaufen und er werde nur Wasser aus dem Supermarkt benützen, nicht wie die anderen, die alle das normale Wasser nahmen, von dem die Touristen krank wurden. Strom habe er hier

auch; den hätte er in der Ortschaft drüben ange-
zapft und bis hierher geleitet; das Kabel hätte er
auf der ganzen Strecke im Sand vergraben.

Seine Eltern seien Nomaden, erzählte er und er
selbst sei in der Wüste geboren und es sei an-
fangs schwer für ihn gewesen, die Wüste zu ver-
lassen und sich in der Zivilisation zurechtzufin-
den...
Und ein Mitteleuropäer könnte seiner Meinung
nach in der Wüste nicht überleben, die Men-
schen würden dort ganz anders essen und des-
halb seien ihre Körper anders.
Die Menschen in der Wüste wüssten eben, wie
man den Körper ernähren müsste, damit er für
die Wüste tauglich würde.
Er glaube allerdings, dass ein kleines Kind aus
Europa, wenn man es frühzeitig in die Wüste
bringen würde und dort entsprechend ernährte,
dass es sich dann durch die Nahrung so an die
Umgebung anpassen könne, dass es dann *doch*
in der Wüste überleben könnte...
Je nachdem was man esse, betonte er, das ma-
che den Menschen aus und durch die Nahrung

würde der Mensch nach und nach eins mit seiner Umgebung…

Und die Wüste ernähre ihre Geschöpfe auf ihre Art und forme ihre Körper so, dass sie optimal angepasst wären…

Auch wäre es wichtig, viel Zucker zu essen…Zucker bringe viele Kalorien, auch Psiza und Dro hätten viele Kalorien… alles, was viele Kalorien hätte, das wäre sehr gut.

Die Kinder hatten in ihrem ganzen Leben noch nie so viel Positives über Kalorien erfahren und während sie dem Mann interessiert zuhörten, verging die Zeit schnell…

Als sie sich beim Abschied für alles bedankten, gab ihnen der Mann noch seine E-Mail Adresse, weil im Winter, in den USA, da habe er auch einen Computer zur Verfügung, hier in Tunesien ja leider nicht.

5

Als sie sich verabschiedeten, war es gegen vier Uhr morgens und irgendwie sah alles ganz anders aus, als am Hinweg und sie konnten das Hotel zunächst gar nicht mehr finden.

Als sie dann endlich doch vor der richtigen Mauer standen, war das Tor verschlossen. Sie klopften, sie sahen nach, ob man über die Mauer klettern könnte, aber für die Jüngste war es zu hoch und außerdem bellte da noch ein offensichtlich scharfer Hund.

Dann plötzlich kamen die Sicherheitskräfte des Hotels; Taschenlampen leuchteten in ihre Gesichter und kopfschüttelnd ließ man sie herein.

Sie schlichen zu ihrem Zimmer -leise- um die Mutter nicht zu wecken, die im Zimmer nebenan schlief und von ihrem Ausflug nichts wusste.

Sie sperrten die Türe ab, aber sie konnten immer noch nicht schlafen.

Die älteste Tochter stand wieder auf und begann in ihrem Gepäck zu kramen; nach jener Zeitung zu suchen, die ihr auf der Fahrt zum Flughafen der Taxifahrer überlassen hatte, diese Zeitung, deren Schlagzeile sie getroffen hatte, wie der Blitz.

Auf dem Weg zum Flughafen, unterwegs in den unbeschwerten Urlaub mit den Geschwistern, auf den sie sich schon so gefreut hatte, begegnete ihr auf einmal der Tod; der Tod in seiner hässlichsten Form, der Mord, ganz klassisch ausgeführt.

Anonym über die Zeitung, verschickte der Tod die Nachricht und holte sie ein, auf dem Weg zum Flughafen, hatte sie davon erfahren, vom Mord an einem Menschen, der ihr Bekannter, Freund und Vermieter gewesen war und jetzt war er tot.

Als das Flugzeug abgehoben hatte, löste sich die Spannung und sie hatte begonnen zu weinen.

Die Frau neben ihr hatte sie mitfühlend angesehen und dann beschwichtigend gemeint, sie müsse doch wirklich keine Angst vor dem Fliegen haben…sie hätte sich allerdings die ersten Male auch gefürchtet, deshalb könne sie sie gut verstehen… aber so schlimm wäre es zum Glück ja doch nicht.

Jetzt saßen die drei Mädchen um den Artikel herum und lasen, was sich anhörte, wie ein schlechter Krimi:

Lokalbesitzer in 20 Stücke zerlegt und versteckt-
Mit elektrischer Säge auf der Toilette zerteilt-
Vermutlich von seinen zwei Mitarbeitern-
Angeblich hatte „er" die Tat begangen und „sie" hatte nur zugesehen und das Blut weggewischt-

Wie die Polizei später ermitteln würde, war die älteste Tochter die letzte Person gewesen, die mit dem Ermordeten Kontakt hatte; sie hatte noch kurz vorher am Telefon mit ihm gesprochen-

„Erzählt das bitte der Mamma nicht, sonst regt sie sich wieder auf", bat sie ihre Schwestern und die zwei kleinen Mädchen fühlten sich sehr geehrt, dass sie mit ihrer großen Schwester ein derart aufregendes Geheimnis   teilen durften.

6

„Pass auf, dass nicht du eines Tages die Leiche in der Zeitung bist", sagte die Mutter, als sie Wochen später doch davon erfuhr…was kennst du nur für Leute!!!"

Und :

„Wie kannst du nur so unverantwortlich sein, mit den zwei Kleinen bis um vier Uhr in der Früh irgendwo herumzustreunen… du weißt doch nicht, wem ihr da begegnen könnt…ja, ich weiß, du bist erwachsen, aber deine Schwestern sind es nicht!"

„Es war aber wirklich schön, so richtig aufregend…"

„Also in Zukunft seid ihr da, bevor die zusperren, ist das klar?!"

„Ja, wir wollten ja gar nicht so lange wegbleiben…aber dann haben wir diesen Mann getroffen…"

„Außerdem müsst ihr sowieso bald schlafen gehen, weil morgen machen wir ja diesen Ausflug in die Wüste und um vier Uhr ist Abfahrt! Also wir treffen uns um spätestens dreiviertelvier. Alles klar?!"

„Ja, alles klar…
…
Um wieviel Uhr treffen wir uns?"

„Um dreiviertelvier!!!"

„Ah! …um dreiviertelvier schon, das ist aber bald, da sollten wir vielleicht heute wirklich einmal früher schlafen gehen."

„Sag ich ja…sonst schafft ihr das nie…"

„Na bis dann…wir kommen schon rechtzeitig und wenn nicht, du glaubst doch nicht, dass die ohne uns fahren……ja, ja, wir gehen dann eh bald schlafen, aber jetzt wollen wir noch ein bisschen zum Pool gehen......es ist dort so schön im Dunkeln, wenn sonst keiner mehr da ist......"

7

Uwe und Elke meinen es gut mit Tunesien. Uwe ist ja zum ersten Mal hier, aber Elke, die kennt sich aus; und sie wünscht sich halt, dass sie dem Uwe das alles zeigen kann, jetzt, wo er ja ein neues Hüftgelenk hat.

Beide wissen ganz genau, was von ihnen erwartet wird und so lächeln sie nach allen Seiten, um ihre Freundlichkeit zu demonstrieren, unterstreichen ihre unverstandenen Worte mit demonstrativen Gestern, geben großzügige Trinkgelder und das wohlgemerkt gleich zu Beginn des Aufenthalts, weil dann das Zimmermädchen beim Betten machen die Pyjama viel schöner faltet, ja sogar fächerförmig auf dem Kopfpolster drapiert, man stelle sich das mal vor, also wirklich, es ist schon erstaunlich, was so ein Dinar, am rechten Ort gegeben, alles zuwege bringt.

Das wird aber das letzte Mal sein, dass sie hierher nach Tunesien kommen, so schön es ist, es ist doch anstrengend und den Kamelritt in der Wüste, den sparen wir uns, ich bin vor 15 Jahren schon mal geritten und der Uwe mit seiner Hüfte, dem ist das zu anstrengend, dem ist schon der Jeep zu unruhig, auf den unebenen Wegen, nein, für den ist das nichts.

Der Ausflug ist auch zu lang, aber es gab keinen zweitägigen, nur in der Hochsaison gibt es den, zwei Tage und mit dem Bus. Der Bus fährt ja doch viel ruhiger und man hat auch mehr Platz und kann die Sitze nach hinten verstellen, das macht schon viel aus, wenn man wenigstens zeitweise schlafen kann, es zieht sich ja doch, wenn man den ganzen Tag so dahinfährt und außerdem sieht es eh stundenlang gleich aus da draußen, nein, da versäumt man wirklich gar nichts, wenn man zwischendurch ein kleines Nickerchen macht, es ist eh viel zu lang.

Aber es gab halt nur diese Jeeptour und eigentlich reicht es für uns schon, aber wenn man schon einmal hier ist, muss man schon die Wüste gesehen haben… nun ja, während die anderen den Kamelritt machen, kann man sich endlich einmal in Ruhe und Frieden die Beine vertreten…während die anderen in der Wüste sind, kann man sich auch erholen.

Ja, für die Frau mit den Kindern, für die ist das was, aber der Uwe, der soll sich besser schonen. Er hat auch schon wieder nichts gegessen, der Uwe, weil ihm das, was diese Araber kochen nicht schmeckt. Nicht, dass er heikel wäre, der Uwe, wenn man im Krieg ein Kind gewesen ist, dann ist man nicht heikel, aber es bekommt ihm halt nicht, was diese Leute hier kochen, die Einheimischen, die sind das gewohnt, aber der U-we, der kommt halt aus dem Ruhrpot und da isst man ganz anders.

Trotzdem ist es hier wirklich schön und die Leute so freundlich, wenn auch die Frauen zumeist unter Tüchern versteckt, ja für uns wäre das nichts, Uwe, aber hier ist das eben so, die kennen nichts anderes, wir sind eben im Urlaub, da muss man sich halt anpassen, die kennen hier keine deutsche Küche, woher auch, du siehst doch, die haben hier fast gar nichts, die einheimischen Leute.

Aber du wirst schon sehen, Uwe, die Wüste, das ist schon ein unvergessliches Erlebnis, das muss man schon einmal im Leben gesehen haben…

8

Der Beduine kleidete die Kinder und ihre Mutter für die Wüste um. Zuerst bekam jeder einen langen Kaftan, dann begann er Tücher um ihre Köpfe zu wickeln.

„Ich brauche das nicht", sagte die mittlere Tochter.

„Doch, sonst hast du die Haare voller Sand."

Sie gingen zu dem Platz, wo die Kamele lagen und stiegen auf. Da die langen Beine des Kamels im Liegen an zwei Gelenken abgebogen sind, schaukelt, ja kippt es beim Aufstehen zuerst einmal schwungvoll nach vorne, wobei man leicht herunterfallen kann, wenn man das nicht weiß und sich nicht entsprechend festhält und dagegenstemmt; dann kommt eine ruckartige Gegenbewegung nach hinten und man hat es geschafft.

Ein Kamel ist kein Pferd, das merkt man schnell, es hat einen ganz anderen Gang, an den man sich erst gewöhnen muss und dann geht es ab in die Wüste.

Was der Einzelne dort erlebt, hängt von ihm selber ab...
Sicher ist nur, egal wie viele Menschen in die Wüste reiten, es erleben nie zwei Menschen das Gleiche.

9

Als sie am nächsten Morgen zurück waren, saßen Uwe und Elke schon beim Frühstück.

„Uwe, iss doch eine Apfelsine, du hattest heut noch keine Vitamine! Mach schon Uwe!
Dieser Uwe! Alles muss man ihm sagen…
Na Kinder und wie geht es euch?
Ach, pass doch auf Uwe, sieh doch, wie du hier schon wieder krümelst…"

„Jetzt lass mich doch endlich in Frieden essen!"

„Sag ich doch ständig, dass du was essen sollst! Kinder, schmeckt euch das Frühstück??
Na ja, so wie in Deutschland sind die Brötchen nicht; Uwe, deine Apfelsine, ich hab sie für dich abgeschält, aber tropf hier mal nicht rum, mit diesem klebrigen Zeug.
Ach Kinder, wir hatten Pech mit dem Zimmer, nicht einmal einen Duschvorhang hatten wir, stellt euch das vor, wir mussten uns doch tatsächlich im Knien duschen, aber wenigstens ging

die Türe zum Abschließen, weil wenn da der Uwe hereingekommen wäre und mich so gesehen hätte, das wäre mir ja nicht gerade recht gewesen. So was hab ich noch nicht erlebt, daran werden wir uns noch lange erinnern, nicht wahr, Uwe!

Iss mal diesen Kuchen, Uwe, der ist gut; aber mach nicht wieder alles voller Krümel!"

„Jetzt gib schon endlich Ruh, ich sitze doch nur hier und trinke meinen Kaffee…"

„Ja, aber so bist du eben…alles muss man dir sagen, wenn ich nicht wäre, du würdest glatt verhungern!"

„Ach, übertreib nicht immer so!"

„Ist aber wahr, schau, alle sind schon fertig, nur du nicht, mach schon, beeil dich, sonst können wir hier wieder auf dich warten, dabei hab ich dir doch eh die Apfelsine geschält…tja, wenn ich nicht wäre, was würdest du nur ohne mich tun!"

10

Zurück vom Bazar

„Na Kinder, habt ihr was gekauft? Viel haben die ja nicht hier…

Wir haben überlegt, ob wir den Enkelkindern so ein Kamel mitbringen; die sind irgendwie niedlich, mit dem Draht in den Beinen und im Hals kann man sie auch bewegen.

Aber dann streiten sie wieder, wenn wir nur eines bringen und zwei von denen, das wäre auch wieder zu viel, sie haben ja eh schon viel zu viele Stofftiere, sagt die Schwiegertochter und zum Schluss steht es ja doch nur als Staubfänger in der Gegend herum.

Also haben wir das lieber bleiben lassen…

Ansichtskarten haben wir gekauft, da haben sie hier mehr Auswahl, als im Hotel, wir können sie ja später schreiben, wenn wir mehr Ruhe haben…sonst haben wir nichts gekauft, diese Blusen finde ich zwar hübsch, aber für mich in meinem Alter sind die für Deutschland viel zu ausgefallen, wann kann man sowas schon anziehen und außerdem, mit dem Uwe dabei kann man nichts kaufen. Ich will mir das ja in Ruhe ansehen und der Uwe macht mich nervös; und außerdem kann er nicht nein sagen, er versteht halt nicht, wie man die Händler hier nehmen muss, die schlagen sich das ja schon vorher drauf und dann muss man eben ordentlich handeln können…

Tja Kinder, aber so ist er eben! Der Uwe kann nicht nein sagen, der ist viel zu gut.
Das merkt ja jeder von weitem, ständig wird er übers Ohr gehauen, der Uwe!
Aber so ist er eben, die Gutheit in Person, aber hilflos, wie ein Kind.
Tja Uwe, wenn ich nicht auf dich aufpassen würde, was würde da wohl aus dir werden?

Und erst auf dem Markt, die wollen doch feilschen, das ist hier so, ich war ja schon einmal in Tunesien vor 15 Jahren, ich weiß ja Bescheid.
Aber der Uwe, der kann halt nicht handeln und das muss man hier können, sag ich dir doch immer, du sollst einfach weitergehen, dann kom-

men die schon hinterhergelaufen, aber du lässt dir ja alles aufschwatzen…

Aber so warst du schon immer, du kannst halt nicht nein sagen.

Tja Kinder und wenn ich das meiner Freundin in Deutschland erzähle, dann sagt die doch glatt, ich soll froh sein, dass der nicht nein sagen kann, der Uwe, weil sonst hätte er mich vielleicht nicht geheiratet!"

11

So eine Berberwohnung ist schon ideal für dieses Klima. Diese Höhlen halten im Sommer kühl und im Winter warm und innen drinnen sind sie eigentlich schön eingerichtet, das würde man gar nicht vermuten.

„Hast du die Küche gesehen? Na ja, auch auf so einer Feuerstelle kann man kochen…

Und draußen im Freien, schau dir das an, die klopfen einfach einen dünnen Baumstamm in die Erde, machen ein festes Stück Stoff darüber und das spannen sie dann und befestigen es mit schweren Steinen…

Und schon haben sie ein gut belüftetes Zelt."

Die Frau mit den Kindern ging in das Zelt hinein und sie setzten sich auf die Polster.

„Geh runter vom Tisch!" sagte sie zur jüngsten der Mädchen.

„Welcher Tisch?"

„Na, dieser Teppich in der Mitte ist doch der Tisch, da darf niemand drauf steigen…"

„Schau dir das mal an", sagte die Älteste „hier muss man doch ganz leicht verschwinden können; was glaubst du, hier findet einen doch kein Mensch…am liebsten möchte ich hier bleiben, schau, es ist alles da, was man braucht…"

„Ja, ich denke mir das irgendwie auch schon die ganze Zeit, am liebsten würde ich hier verloren gehen…", sagte ihre Mutter.

„Das Problem ist nur, wenn wann irgendwann wieder zurück will…
Aber dann müssen wir halt sagen, wir sind entführt worden…"

„Ich weiß nicht", sagte die Mutter „wovon willst du hier leben, es gibt nichts zu essen…"

„Ja, man braucht schon ein Kamel und ein bisschen Geld, dann kann man zur nächsten Ortschaft reiten, oder zu einer Oase…ein Kamel, das Milch gibt, wäre am besten…ich habe gehört, ein Kamel kostet an die 20.000 Schilling. Aber es braucht fast nichts und ersetzt ein Auto…das ist schon wichtig, dass man sich fortbewegen kann, weil hier sind alle Wege weit…"

„Kommt ihr dann mal wieder raus!!" Elke war gekommen, sie zu holen und sie gingen zusammen zurück zum Jeep.

„Gott ist es hier heiß, findet ihr nicht auch? Also, dass die einen nicht besser informieren können, man sollte sich beschweren! Die haben uns gesagt, in der Wüste wird es abends sehr kalt und jetzt ist es hier heißer, als an der Küste, sogar am Abend ist es warm…

Und weil die uns das gesagt haben, hab ich dem Uwe doch extra diesen Jogginganzug gekauft und jetzt können wir den herumschleppen. Dabei war der teuer, um den Preis krieg ich ihn auch in Deutschland. Aber ich muss doch aufpassen, dass er sich nicht erkältet, wo er doch eh so anfällig ist, der Uwe.

Das darf ich ihm nicht einmal sagen, sonst schimpft er wieder mit mir, der Uwe, dass ich so viel Geld ausgebe; dabei ist es eh mein Geld, aber trotzdem."

12

Das Paradies mit Fliegen

Von außen sah die Oase aus, wie das Paradies.
Das Hotel an ihrem Rand glich einem Luft-
schloss; es war ein prachtvoller Palast, der noch
von den Spuren eines einst märchenhaften
Reichtums gezeichnet war und die Bediensteten
waren mit steifen, altertümlichen Uniformen
bekleidet. Jedoch gab es Fliegen.
Sie waren groß und laut und ihre Existenz war
äußerst unpassend, ja peinlich, besonders im
Speisesaal.

Sah man genauer hin, fehlte es unter der luxuri-
ösen Oberfläche an allem, an sauberem Be-
steck, an Toilettenpapier und an Putzmitteln.
Alles schien rationiert und die Kellner ließen sich
zwar mit der Bedienung viel Zeit, aber sie achte-
ten wachsam darauf, dass niemand etwas zu
essen oder zu trinken oder auch nur Besteck aus
dem Speisesaal mitnahm.

13

„Ach Uwe, da bist du ja, wir warten schon alle
auf dich…
Na komm, setz dich doch, Uwe…"

„Das Fleisch da, was ist das für ein Fleisch?
Kannst du den mal fragen?"

„Sprechen sie Deutsch?"

„No…Francés?"

„Nein leider, sprechen sie Englisch?"

„A little!"

„This meat, what is it?"

"Chicken!"

"Das sieht aber nicht aus wie ein Hähnchen, was
meinst du?"

„Chicken????"

„Oui, oui, chicken!"

„Nein, das esse ich nicht, das ist sicher Kamel-fleisch, was anderes haben die doch hier gar nicht, der will uns nur verschaukeln… der denkt, die merken das eh nicht, aber dazu, dass ich das esse, bringst du mich nicht, ich esse kein Kamel und auch kein Schaf.

Sie können das wieder mitnehmen!"

„Monsieur termine????"

"He doesn´t eat this."

"Oh, sorry monsieur!"

"Also diese Fliegen hier, das ist eine Zumutung, hier kann man sowieso nichts essen, bei dem Geruch.
Hast du das gesehen, wie die da gerade vor dem Essen den ganzen Speisesaal ausgesprüht ha-ben?

Der Gestank ist unerträglich und diese riesigen, schwarzen Fliegen sind immer noch da…"

„Was bringt er denn jetzt auf einmal für ein Omelett?"

„Ja, weil du nichts gegessen hast, da, trink wenigstens noch ein Glas Wasser, du brauchst Flüssigkeit!"

„Wieso hat er uns eine ganze Flasche Wein gebracht, hast du den bestellt?"

„Sie haben keinen offenen, man muss eine ganze Flasche nehmen, aber ich möchte jetzt gerne ein Gläschen…reg dich mal nicht auf."

„Also ich mag jetzt einfach gar nichts, mir ist ganz schlecht von dem Geruch und von den Fliegen, wirklich, mir ist nicht gut im Magen."

„Aber jetzt haben sie das Omelett extra für dich gemacht, jetzt musst du es schon essen, sonst beleidigst du sie ja!"

„Ich kann nicht, ausgeschlossen!"

„Ja, aber übriglassen können wir das nicht…
Kinder! Wollt ihr vielleicht ein Stück Omelett"

„Ja, bitte!"

„Na siehst du, so kommt das auch noch weg, weil zurückschicken kann man das nicht, wo sie es doch extra für dich gemacht haben…"

14

„Wir wollen dann bezahlen!"

„85 Dinar"

„Was???? Das ist doch nicht möglich, kann ich die Rechnung sehen?... Da schau mal, 2 Dinar kostet das Wasser, je 1 Dinar die zwei Kaffee und der Wein kostet 80 Dinar!!!!!!... Das ist ja ein Wahnsinn, wenn ich das gewusst hätte…dabei wollte ich doch nur ein Glas…Die Flasche nehmen wir aber mit ins Zimmer, da kann er sagen, was er will, die war teuer genug!!"

„Ich hab jetzt aber nicht mehr genug Geld bei mir."

„Das sagst du nur, weil du den Wein nicht zahlen willst… du hast doch noch einen Hunderter!!"

„Wo?"

„Na in dem Fach da, glaubst du, ich weiß das nicht!?"

„Aber, der ist doch längst ausgegeben!"

„Das glaub ich dir nicht! Lass mich mal sehen…tatsächlich!!!...Was hast du denn damit gemacht?"

„Nichts!"

„Nichts??"

„…Diese Dinar verschwinden wie nichts!!"

„Weil du immer so großzügige Trinkgelder gibst!!"

„Aber DU gibst doch immer so viel aus!"

„Also wirklich, wie kannst du das nur sagen, wenn ich einmal ein Gläschen Wein zum Essen trinken will… Das ist doch nicht meine Schuld, dass die hier so ein Vermögen für diesen Wein verlangen, wenn ich das gewusst hätte… Also geh mal nach oben und hol Geld aus dem Zimmer, wir warten hier so lange…

…also, wenn ich das gewusst hätte, hätte ich natürlich keinen Wein bestellt, aber die Flasche geht mit, sonst verkauft er den Rest noch dem nächsten, denen ist alles zuzutrauen…

Ich hab gesehen, wie die in der Früh Orangensaft aus Gläsern in den Kühlbehälter zurückgeschüttet haben…wirklich!!! Man sollte sich beschweren!

…Ach da bist du ja…Hast du noch was gefunden? Die warten schon!"

„Ich war wechseln."

…

„Sag mal, da stimmt doch was nicht. Ich hab ihm 100 gegeben und er hat mir nur 10 zurückgegeben. Da fehlen noch 5!"

„Warum hast du nicht besser aufgepasst?!"

„Aber du hast doch selbst zugesehen, du hättest ja auch was sagen können!"

„Du hättest ihn nicht gehen lassen dürfen, jetzt ist er weg mit 5 Dinar Trinkgeld… Dabei haben die sich eh an dem Wein schon blöd verdient.
Wo ist er denn so schnell hin, frag mal den anderen."

„Frag ihn du, mich versteht er ja doch nicht."

„Dein Kollege!!!! Wo!!!! 5 Dinar zu wenig!!!!"

„Je ne comprend pas. I don´t understand."

"Du verstehst mich schon, du Lump…schau dir das an, die tun so, als ob sie nichts verstehen, ich glaub denen kein Wort… Du verstehst mich also nicht? ... Na warte! ...
Ihr seid ein paar Halsabschneider!!!!...
Schau dir das an, der zuckt nur mit den Achseln!!!!
Du bist ein ganz fieser Lump!!!! ...
Sieh mal, der grinst sich noch eins! ...

Hm... vielleicht versteht er uns wirklich nicht..."

„Ach was, die verstehen uns schon...
Das, was sie verstehen wollen, verstehen sie
schon...
Verflixt, jetzt rennt der auch noch davon-

Wo ist denn unser Fahrer...
Ich glaube, draußen in der Halle, geh mal und
sag ihm das, der soll sich hier mal kümmern,
aber mach schnell..."

...

...

„Schau mal, da hinten sind sie jetzt alle, unser
Fahrer auch, der sagt ihm doch irgendwas, oder?
...na klar, der diskutiert irgendwie mit ihm...

Na, nicht zu fassen, jetzt kommen sie anschei-
nend wieder zurück...
Da komm mal her! Wo ist mein Wechselgeld?
Mit dem Uwe, glaubt ihr, mit dem könnt ihr das
machen... der ist eh doof und der kann sich nicht
wehren, ihr glaubt, wir sind nur dazu da, dass ihr
uns das Geld aus der Tasche zieht!"

„Du bist selber schuld, du gibst immer viel zu gute Trinkgelder. Mit mir bist du nicht so großzügig! ..."

„Bitte Monsieur, Madame, sil vous plait, es ist alles in Ordnung, hier ist ihr Wechselgeld, ich musste nur erst wechseln gehen..."

„Stimmt es jetzt?"

„Ja, es stimmt...
Warum bist du denn so gelaufen, da denkt man ja, du läufst mit dem Geld davon!"

„Er laufen schnell, damit bald zurückkommen", übersetzte der Fahrer.

„Schau dir das an, wie diese Lumpen grinsen...was glaubst du, wenn unser Fahrer ihm nicht nach wäre, glaubst du, der wäre zurückgekommen?"

„Ach was, bis du mit deiner Hüfte dem nach-
kommst, ist der doch längst über alle Berge…"

„Ja, ja, mit dem Uwe können sie das machen…"

15

Nach dem Essen machten sich die drei Mädchen auf, die Oase zu erkunden.

Am Boden sahen sie rote Früchte liegen, die irgendwie an Himbeeren erinnerten, nur waren sie kleiner und eher länglich.

Dattelpalmen waren überall und dazwischen eine Vielzahl unbekannter Pflanzen.

Plötzlich waren da zwei Buben, etwa 9 und 13 Jahre alt, mit einem Esel. Sie sammelten trockene Gräser und Früchte, die sie in den Satteltaschen des Esels verstauten.

Die älteste der Mädchen fragte die Buben, ob man die roten Früchte essen könne. Sie sahen auf ihre Hand und deuteten „nein" ; dann zeigten sie ihr andere, die etwas dunkler waren. „Die sind gut!" deuteten sie ihr. Die Früchte erinnerten im Geschmack eher an Kirsche und schmeckten nicht schlecht, wenn auch ungewohnt.

Die Buben brachten den drei Mädchen seltsame grüne Früchte, die sie zuerst von ihrer hellbraunen Schale befreiten; sie schmeckten nussig und überraschend bitter und die Mädchen fanden sie nicht gut.

Der ältere Bub starrte die jüngste der Schwestern an und sie spürten beide, dass sie etwa gleich alt sein mussten. Er sah in die Augen der Mädchen; die, der zwei älteren erschienen ihm normal, aber die Augen der Jüngsten waren leuchtend grün.

„Hast du ihre Augen gesehen?"
flüsterte er seinem kleinen Bruder ins Ohr.

„Ja!"
flüsterte der Kleine zurück,
„Sie sind grün, grün wie die Oase!"

Sie hatten beide noch nie solche Augen gesehen.

„Warum haben die Fremden solche Augen?"
fragte er seinen Bruder.

„Ich weiß nicht, wohl weil Allah sie so geschaffen hat."

„Aber warum? Warum schafft er sie anders als uns?"

„Das weiß nur Allah;
Geh rüber und bring ihr diese Blume von mir..."

Der kleine Junge brachte der jüngsten der Mädchen eine Blume. Sie war weiß und glockenartig und schien aus nur zwei Blütenblättern geformt zu sein.

„Danke", sagte sie und nahm die Blume.

Der Kleine legte die Hand auf seine Brust und deute mit der anderen auf seinen Bruder.

„Ah, sagte sie lächelnd und winkte dem Größeren zu, aber der grinste nur verlegen und wandte den Blick ab.

Ein Mann kam vorbei, sprach kurz mit den Kindern und dann konnten sie zusehen, wie er die Palmen hochkletterte um Datteln zu pflücken.

„Das muss ich auch probieren!"
Und schon kletterte die älteste der Schwestern nach oben.
„Es geht ganz leicht", rief sie, aber dann konnte sie nicht mehr herunter.

Der Mann kam zurück und half ihr; das letzte Stück sprang sie und verletzte sich an der Hüfte, denn die Kanten der Palmenstämme waren unregelmäßig und scharf.

„Tut es weh?"
fragte die kleine Schwester

„Ja schon",
antwortete sie,
„aber das macht nichts, wenn man Angst hat, sich zu verletzen, kann man nichts erleben, verstehst du?"

Nachdem der Mann verschwunden war, schickte der Junge nochmals seinen Bruder mit einer Blume für das grünäugige Mädchen, das hier so unerwartet in seiner Welt aufgetaucht war, doch auch diesmal ertrug er ihren Blick nicht.

Dann setzten sich die zwei Buben zusammen auf den Esel, rammten ihm ihre Fersen in die Seiten, winkten und ritten davon.

Die Mädchen folgten ihnen bis an den Rand der Oase und dort, wo der Sand begann, kehrten sie nochmals um.

Sie waren jetzt allein in der Oase.

Kleine, schwarze Käfer tauchten plötzlich auf, sie ließen sich auf ihnen nieder und waren nicht mehr abzuschütteln.

Plötzlich sahen sie ein riesiges Blatt, herzförmig, auf einem hellgrünen, flauschigen Stängel, dunkelgrün war es, und fast so hoch, wie die Kleinste von ihnen.

Sie staunten das Blatt an. Vorne war es eher glatt und hart, auf der Unterseite war es genauso filzartig wie am Stängel und in der Mitte war es bunt verfärbt; lila und weinrot war es, künstlich schön fast erschien es, als wäre es bemalt, unwirklich in seiner gigantischen Größe.

Mehr als alles andere war es dieses Blatt, das ihnen zum Bewusstsein brachte, dass sie hier in eine völlig andere Welt eindrangen, denn dieses Blatt war absolut mit nichts vergleichbar, was sie je gesehen hatten und sie staunten es noch lange an.

Zuletzt kamen sie in das Herz der Oase, wo zwischen Steinen verborgen, tief aus der Erde die Quelle sprudelte, die all die Pflanzen nährte, die Quelle, die mit ihrem Wasser die Oase schuf ...

Dann plötzlich spürte die Jüngste einen Schmerz in der Ferse; irgendetwas hatte sie gestochen. Ein Brennen stieg ihren Fuß hoch und weil sie Schmerzen beim Gehen hatte, kehrten die drei Mädchen schließlich zum Hotel zurück.

Der Junge wird wohl nie erfahren, dass das Mädchen am nächsten Morgen seine Blumen im Hotel vergaß, aber an den Glanz ihrer grünen Augen wird er sich lange noch erinnern.

Und weil Allah die Fremden anders geschaffen hatte, erbrach die mittlere der Schwestern den ganzen Abend lang und während der Nacht, vielleicht von den Früchten, die sie in der Oase gegessen hatten, vielleicht aber auch von der mangelnden Hygiene im Hotel, wo ja überall schwarze Fliegen herumschwirrten.

„Kommt schon, Kinder, sonst muss sich eure Mutter wieder ärgern, wenn ihr zu spät zur Abfahrt kommt, ihr wisst doch, der Fahrer legt Wert auf Pünktlichkeit bei der Abreise", sagte Elke.

Und dann kletterten sie alle in den Jeep.

16

Sie fuhren zu den Bergoasen hoch, bis sie zu einer kleinen Ortschaft kamen.
Der mittleren Tochter war immer noch übel, sie stieg aus und setzte sich auf die Erde.

„Komm, setz dich doch auf einen Sessel dort im Café!"

„Nein!"

„Es ist nicht gut, wenn du in der Sonne sitzt", sagte der Fahrer.

Sie begann zu weinen.

„Ich möchte nur in Ruhe gelassen werden…
Ich will nichts…
Ich will nur da sitzen…"

„Soll ich hier bei dir bleiben, oder ist es dir egal?" fragte die Mutter.

„Mir ist alles egal…"

„Na gut, wir gehen jetzt zum Wasserfall hoch, wenn du willst, kannst du jederzeit in das Café da drüben gehen und dort auf uns warten…
Bestell dir einen Tee…

Also gut, du bist entweder hier oder in dem Café, aber geh nirgendwo anders hin alleine, wenn du dich so fühlst, weil wenn du umkippst, wissen wir nicht, wo wir dich suchen sollen."

„Ja, ich geh sowieso nirgendwohin."

„Bis dann."

Sie gingen immer den Bach entlang, auf den schmalen Wegen, die zu beiden Seiten des Baches aufwärts führten. In unmittelbarer Nähe des Wassers war es sehr grün und die Mädchen rutschten beinahe in den Bach, bei dem Versuch, einen der kleinen Frösche zu fangen, die überall herumsprangen.

Hinter einer Wegbiegung fand sich unvermutet ein Plateau, dort verkauften einige Männer Kristalle und da, direkt vor ihnen, war jetzt auch der Wasserfall. Die Mädchen tauchten ihre Hände in das Wasser und bewunderten das Moos auf den Steinen in der unmittelbaren Umgebung...

Ihre Mutter befeuchtete sich die Haare und den Nacken, um sich kühl zu halten, als plötzlich ein kleines Mädchen auftauchte.
Sie hängte der Frau eine Kette um.

„Ein Dinar", sagte sie lächelnd.

Die Frau gab ihr das Geld.

Dann lief die Kleine zu den Mädchen und hängte jeder von ihnen eine Kette um.

„Ein Dinar!"

„Da hast du noch einen Dinar", sagte die Älteste. „Aber das ist alles, was wir noch haben, da, nimm die eine Kette wieder zurück."

Die Kleine schüttelte den Kopf und hängte ihr die Kette wieder um. Sie lief kurz weg, dann kam sie wieder und sagte eindringlich:

„Ein Dinar!"

„Nein! Kein Dinar! Wir haben keinen Dinar mehr!"

„Dann kein Dinar",
sagte die Kleine, lachte und lief davon.

Jetzt erst bemerkten die Schwestern, dass sie keine Ahnung mehr hatten, wo sie sich befanden; sie waren einfach so dahingegangen und das Gespräch mit dem kleinen Mädchen hatte sie abgelenkt.

„Wie kommen wir hier wieder zurück?"
fragte die Ältere.
„Ich glaube, wir müssen irgendwie nach oben."

„Nein, nach rechts."

Aber dieser Weg endete bald im Nichts.

Also gingen sie nach oben und plötzlich kam das kleine Mädchen wieder; sie war ihnen anscheinend gefolgt.

„Komm mal her!"
sagte die Ältere.
„Ich hab leider nichts mehr, was ich dir geben könnte…
Aber kannst du uns vielleicht hier raus bringen?"

Die Kleine verstand nicht…

„Raus!!!
Straße!!!
Auto!!!
Verstehst du?"

„Ah…", sagte das kleine Mädchen und deutete ihnen, ihr zu folgen …

Sie gingen einen seltsamen Pfad zwischen den Steinen hindurch, auf dem sie definitiv nicht gekommen waren.

„Glaubst du wirklich, die führt uns hier raus?"

„Ich weiß nicht…"

„Schatzi, du solltest uns hier rausbringen und nicht irgendwohin!!..."

„Vielleicht hat sie uns nicht richtig verstanden…"

Doch dann, als hätte die Kleine gesagt „Sesam öffne dich" ,war in dem großen Felsen vor ihnen plötzlich eine schmale Öffnung, durch die man knapp hindurchschlüpfen konnte.
Sie zwängten sich durch und sahen am Fuß des Berges, auf dem sie jetzt standen, das Café, die Verkaufsstände und den Jeep, der schon nach ihnen hupte…
Sie winkten und gingen auf dem losen Gestein vorsichtig nach unten.

„Na endlich, wo wart ihr denn wieder?
Seht mal, was für Steine ich gefunden habe!"
sagte Elke.

„Oh,…die sind schön!"

Sie setzten sich alle, um noch ein bisschen zu rasten und bestellten sich eine Runde Tee.

„Könnten sie mir vielleicht einen Kugelschreiber borgen?"
wandte sich die Mutter an Elke.
„Der Meine geht leider nicht mehr und mir fällt gerade so viel ein, was ich aufschreiben möchte."

„Aber natürlich…gerne… wir schreiben unsere Karten eh erst im Hotel…"

Auch die Mutter der Kinder hatte einen Stein gefunden, sogar eine besonders schönen, so einen, wie die Männer oben beim Wasserfall verkauft hatten, nur etwas kleiner.

„Oh, der ist aber ganz besonders!"
sagte Elke anerkennend.
„Aber die Meinen gefallen mir auch…
Selbst gefunden ist eben selbst gefunden…
Die kommen mit nach Deutschland!

Hast du schon gesehen, Uwe, schau mal, die Steine hier, sind die nicht schön?"

„Was willst du denn damit?"

„Die nehm ich mit nachhause, das ist wirklich eine ganz persönliche Erinnerung…"

„Ja, ja, Kinder, so ist sie, alles wird gesammelt und mitgeschleppt und dann steht es in Deutschland herum als Staubfänger…"

„Ich finde sie schön, ich mag eben solche Dinge, lass mir doch die Freude…
Du bist eben nicht sensibel, Uwe, du hast keinen Sinn für das Schöne!
Ich freue mich eben an den kleinen Dingen des Lebens und du machst dich nur darüber lustig…"

„Du machst doch eh immer, was du willst, aber es ist trotzdem ein Staubfänger und du weißt genau, dass ich gegen Hausstaub allergisch bin!"

„Willst du jetzt sagen, dass ich nicht gut genug sauber mache? Also wirklich, das kannst du mir doch nicht nachsagen, ich tu doch eh den ganzen Tag nichts anderes, als mich um dich zu kümmern…Du bist wirklich undankbar!"

„Hör schon auf, ich hab doch gar nichts gesagt!"

„Es geht weiter!
Bitte alles einsteigen…
Wir fahren jetzt in Richtung Salzwüste!"

Und dann fuhren sie weiter.

17

In der Salzwüste verdunstete Wasser in flachen Becken, manchmal war das Wasser klar und hellblau, dann wieder dunkel und schmutzig und an einer Stelle trafen ein blaues und ein braunes Becken aufeinander und in der Mitte war zum Teil noch weißes Salz und Salzkristalle wuchsen Skulpturen gleich aus dem Boden.

Am Straßenrand stand das rostfarbene Gerippe eines Autos, das wohl hier stehen würde, bis es zerfallen war.

Entlang der Straße waren Verkaufsstände, die seltsame Dinge anzubieten hatten.

In einer Flasche waren Wasserschlangen, in einer anderen kleine Fische, Wasserschnecken und Krebse; es gab Mäuse in einer Schachtel und einen Falken, der am Fuß angebunden war. Auf dem Tisch waren zwei zahme, junge Chamäleons, jeweils an einer Leine festgemacht, ihre Farbe schattierte sich vom Kopf zum Schwanz hin blau-grün und am Bauch waren sie melonengrün mit schwarzen Punkten. Der Mann setzte einem der Mädchen das Chamäleon auf die Schulter und sie streichelte das Tier und spielte damit…

Dann bot der Mann ihnen Tee an.

Er übergoss Pfefferminzblätter mit heißem Wasser und reichte ihnen die Gläser…

Später gingen sie nach unten und sahen sich die Salzkristalle aus der Nähe an.

Die Salzstücke, die sich abbrechen ließen, zerfielen fast alle, aber dann fanden sie doch eines, das eine handliche Größe zum mit-nach-Hause-nehmen hatte.

Ein Schiff hob sich gespenstisch gegen den Horizont ab und es wirkte seltsam unwirklich und deplatziert in dieser Einöde…

Die älteste Schwester wollte sich in dem flachen Wasserbecken waschen, doch als das Wasser trocknete, waren ihre Hände und Beine mit klebrigem Salz bedeckt…

Sie blieben nicht lange.

Uwe und Elke fotografierten das Schiff und sie gingen alle befremdet auf dem harten, salzigen Boden herum, der sich so anders anfühlte, als der weiche, feine Sand der Sahara.

18

„Nun Kinder, heute Abend haben wir es geschafft! Ich freu mich schon auf das Essen im Hotel; endlich mal wieder was Ordentliches…
Hat es euch gefallen?"

„Ja!!!"

„Na fein, dass es euch gefallen hat, für uns war es halt ein bisschen lang, noch einmal möchte ich das nicht machen…
Aber Uwe, es hat sich doch gelohnt, oder?
Die Wüste ist doch ein unvergessliches Erlebnis…
Und wenn wir jetzt diesen Ausflug nicht gemacht hätten, dann wäre das doch wirklich mit Abstand der billigste Urlaub gewesen, den wir je hatten, das musst du doch zugeben, auch wenn diese Dinar rausfliegen, wie nichts…
Aber trotzdem für *den* Preis „Alles inklusive"…
Und das Essen im Hotel ist wirklich großzügig.
Sicher kommen die Trinkgelder dazu und dann kauft man halt doch immer wieder irgendwas,

aber trotzdem, um diesen Preis kannst du nirgendwo anders so einen schönen Urlaub machen; also man kann schon zufrieden sein…

Trotzdem wird es für uns das letzte Mal sein…

Ja Kinder, wenn man älter wird, wird das Reisen beschwerlich, das könnt ihr euch noch nicht vorstellen…

Ist aber so, ihr werdet schon noch sehen…

Was macht denn eure Mutter?

Schreibt sie schon wieder?

Also mir würde der Arm abfallen, wenn ich so viel schreiben würde!

Was schreibt sie überhaupt? Ein Tagebuch?"

„Nein, ein richtiges Buch."

„Was??"

„Na, sie schreibt einfach ein Buch, sie hat schon einmal eins geschrieben."

„Da sieh mal einer an, da muss ich aber sehen, dass ich meinen Kugelschreiber zurückbekomme, wir müssen nämlich noch ein paar Ansichtskarten schreiben und wenn die ein ganzes Buch damit schreibt, geht der Kuli womöglich noch aus.

Also sagt eurer Mutter mal bitte, ich brauche den Kugelschreiber jetzt wieder, nichts für ungut, aber das stelle sich mal einer vor! Da borgt man so einer Frau ganz arglos einen Kuli und die schreibt damit gleich ein halbes Buch... was man nicht alles erlebt auf Reisen, nicht wahr, Uwe!?"

...

...

„Ich hab gehört, im Hotel gibt es auch eine Diskothek, wo ist die eigentlich?"

„Aber Uwe, was willst denn du in der Diskothek, du bist doch schon Opa, das ist doch nur was für junge Leute und außerdem viel zu laut...
Also auf was für Ideen du kommst manchmal, du mit deinem kaputten Hüftgelenk, da kann ich dich ja morgen tragen!!...
Also wirklich, Uwe, auf dich muss man aufpassen!"

19

„Ihr Kugelschreiber!...
Vielen Dank!
Übrigens, haben sie etwas dagegen wenn ich ihren Ausspruch „Uwe, iss doch eine Apfelsine, du hattest heut noch keine Vitamine" in meinem neuen Buch zitiere?"

„Nein, nein, machen sie ruhig, da haben wir nichts dagegen, … wenn sie meinen…
Wer weiß, vielleicht hören wir ja noch mal von ihnen…
Möchten sie noch ein Gläschen Wein mit uns trinken, zum Abschied?
Wir haben ja diese Flasche mitgenommen und ich denke drei kleine Gläschen gehen sich noch aus…"

„Nein danke, ich trinke keinen Alkohol, aber könnte ich vielleicht die Flasche haben, wenn sie dann leer ist? Oder brauchen sie die noch?"

„Die Flasche? Die können sie haben…

Wir trinken jetzt noch den Rest und dann kommt sie weg...

Uwe, lass es dir schmecken, das war der teuerste Wein unseres Lebens...

So, da haben sie die Flasche!"

„Vielen Dank!"

„Nichts zu danken, wir hätten sie ja doch nur weggeworfen...

Na dann, alles Liebe und kommen sie gut nachhause mit den Kindern...

Kinder, schreibt uns mal eine Karte, ihr habt eh unsere Adresse!"

„Ja, ihnen auch beste Wünsche für die Heimreise, wie hat es ihnen gefallen?"

„Danke, gut, aber jetzt sind wir schon froh, wenn wir wieder zuhause in Deutschland sind.

So schön es ist, zuhause ist es eben doch ganz anders, man muss hier ja doch auf viele Annehmlichkeiten verzichten.

Allein wenn ich denke, endlich mal wieder ein ordentliches Bad und einen anständigen Sauerbraten…

Man kann eben nicht alles haben…

Aber es war wirklich sehr schön, man kann gar nichts dagegen sagen, nur noch einmal kommen wie sicher nicht, es ist doch schon zu anstrengend und auch die Verständigung ist ein Problem.

Das nächste Mal fahren wir wieder nach Mallorca, da sprechen sie überall Deutsch, aber ich wollte dem Uwe das halt einmal zeigen, bevor es gar nicht mehr geht…

Es hat sich sicher gelohnt und einmal muss man das schon gesehen haben, wenn man es sich leisten kann, es ist ja doch ein Erlebnis, ich mag fremde Kulturen und ich kann mich auch anpassen, aber zuhause ist es halt doch am schönsten, sag ich halt immer…"

20

Die Frau mit den Kindern war froh, als die gemeinsame Jeepfahrt mit Uwe und Elke endlich vorbei war...

Den ganzen Tag dieses Geschwätz, das ist doch wirklich unerträglich, dachte sie.

Die Kinder allerdings fanden Uwe und Elke „süß" und „witzig" und das waren sie wohl auch auf ihre Weise...

Die Kinder freuten sich auf das Hotel, wo es den ganzen Tag lang ein 20 Meter langes Buffet mit immer neuen Speisen gab, das reinste Schlaraffenland...So etwas hatten sie noch nie zuvor gesehen...

Es war das Paradies...

Man konnte reiten, zu Pferd und zu Kamel...

Um das Hotel herum gab es den Pool, die anderen jungen Leute, die Sportanlagen und die Diskothek, am Strand das Abenteuer und die ungezügelte Natur.

Die Kinder waren glücklich und das war ihr Wunsch gewesen...

(Einmal im Leben, bevor sie endgültig erwachsen waren, sollten auch ihre Kinder im Urlaub einmal alles haben, alles, was sie sich wünschten, alles, was sonst für eine große Familie immer viel zu teuer war)

Die Frau mit den Kindern saß im maurischen Café und schrieb jetzt mit ihrem eigenen Kugelschreiber weiter... Der Mann mit dem gewaltig aufgedrehten Schnurrbart bereitete arabischen Kaffee zu und sie bestellte Tee, der genauso zubereitet wurde, wie der Kaffee, sehr dickflüssig, mit viel Zucker und einem Stückchen Fett darin und sie schrieb und dachte an das Kamel, von dem sie sich gestern verabschiedet hatte...

Sie dachte an die Worte des Kamels und schrieb sie auf...

Sie ging zum Strand, noch einmal...

Sie warf die Flaschenpost ins Meer...

Sie verabschiedete sich still von allem, von den Menschen hier, von ihrer unbegreiflichen Sanftheit, vom Strand, vom Meer und von den Pferden, sie war doch hier tatsächlich zum ersten Mal in ihrem Leben geritten, das hatte sie sich seit ihrer Kindheit gewünscht...

Oft hatte sie heimlich ihre Kinder beneidet, weil ihre eigene Mutter, in der letzten Zeit vor ihrem Tod, den Enkeln all das ermöglicht hatte, was sie der Tochter seinerzeit nie hatte geben können, weil es immer am Geld gefehlt hatte...

Sie war wohl zur falschen Zeit ein Kind gewesen…

Weil das Geld nie reichte, war Erziehung zu Bescheidenheit sehr wichtig, in jenen Tagen, als sie so alt gewesen war, wie ihre Kinder jetzt…

Und irgendwann hatte sie es dann aufgegeben, Wünsche zu haben, weil sie ja doch nie in Erfüllung gingen…

Hier in Tunesien war, so schien es ihr, der Ort, an dem die Wünsche sich erfüllten, sogar die lang schon aufgegebenen.

Hier war der Ort, an dem die Gedanken sich ordnen ließen, sogar die hoffnungslos verwirrten.

Hier lösten sich Gefühle, egal wie schwer sie lasteten und schwebten sanft davon.

Sie dachte an die Worte des Kamels, die es zum Abschied sprach:

„Es gibt Wünsche, die steigen in uns auf, wie Luftblasen; sie werden durch äußere Stimulierung hervorgerufen. Solche Wünsche kommen und gehen.

Aber manchmal gibt es Wünsche, die tief in uns entspringen und die uns nie wieder loslassen. Diese Wünsche gleichen, wenn sie unerfüllt bleiben, den unerlösten Seelen. Sie können keine dauerhafte Ruhe finden, auch wenn sie manchmal lange schlafen.

Solche Wünsche sterben erst im Augenblick ihrer Erfüllung.

Manche Wünsche erfüllt schon eine Berührung-
Andere erst der Tod.

RÜCKKEHR

Am Abend vor dem Rückflug wurde ihr wieder einmal bewusst, wie sehr ein Flug auf eine geradezu metaphysische Weise dem Tode gleicht.

Man verschwindet einfach an einem bestimmten Punkt der Erde aus dem Leben, um irgendwo, an einer anderen Ecke der Welt, wieder aufzutauchen.

An einem bestimmten Ort, hörte man einfach auf, zu existieren…

Und als hätte einen die Hand eines Riesen hochgehoben und anderswo wieder abgesetzt, tauchte man an einem anderen Punkt wieder auf und dort hatte man keine Vergangenheit.

Man war abgelöst von allen Bindungen und Verpflichtungen, sie erschienen aus dieser Distanz seltsam unwirklich und irrelevant.

Es viel ihr sogar schwer, sich vorzustellen, dass dort in Wien zwei kleine Kinder auf sie warteten…

Es fiel ihr schwer sich vorzustellen, dass morgen schon, alles so sein würde, wie früher…

Sie würde die Wüste vermissen, das wusste sie jetzt schon, die Stille, die Ruhe, die Klarheit der Gedanken…

Hier war der Ort, an dem die Gedanken so klar wurden, dass sie sie aufschreiben konnte, bevor sie ihr wieder entglitten.

Hier wurde lang Verdrängtes auf eine sanfte Art lebendig, so dass sie Frieden schließen konnte, mit der Vergangenheit.

Hier war die Zukunft grenzenlos und offen, hier waren die Gedanken fast allmächtig.

Zurück in ihr altes Leben zu fliegen, glich einer Zeitreise. Ihr war, als hätte sie in wenigen Tagen Jahre durchlebt, als könne sie nicht mehr zurück…

Ihr gewohntes Leben war ihr fremd geworden und vielleicht war es an der Zeit, sich eine neue Identität zu suchen…

Sie kannte jetzt einen Ort, an dem eine goldene Stille, nach der sie sich immer schon gesehnt hatte, wohnte und vielleicht konnte man ja ei-

nes Tages fliehen und in dieser Stille leben…
geruhsam seine Gedanken zählen…
seine Gefühle ordnen…
Vielleicht konnte man diese Stille aber auch mitnehmen…
Vielleicht würde der goldene Sand wieder da sein, wann immer sie die Augen schloss…
Vielleicht würde sie die Worte des Kamels weiterhin hören, in Träumen…
Ja vielleicht würde sie den Sand für immer spüren, im Getriebe ihres Herzens.

Einige Monate später gab sie folgendes Inserat auf:

Ernst gemeint!!!

Wer fährt demnächst nach Nordafrika?
Suche dringend jemanden,
der eine winzigkleine Sandrose
für mich in die Sahara zurückbringt.
Ich habe ein Kamel gebeten,
sie mir zu schenken,

an einem Tag,
als ich sehr traurig war;
sie ist schön geformt,
aber noch viel zu klein
und nur dort in der Wüste
kann sie weiter wachsen.